SÉ TU PROPIO *COACH* Y MEJORA TU VIDA

FIONA HARROLD

SÉ TU PROPIO *COACH* Y MEJORA TU VIDA

Cómo dirigir tu vida y hacer realidad tus sueños

EDICIONES OBELISCO

Si este libro le ha interesado y desea que le mantengamos informado de nuestras publicaciones, escríbanos indicándonos qué temas son de su interés (Astrología, Autoayuda, Ciencias Ocultas, Artes Marciales, Naturismo, Espiritualidad, Tradición...), y gustosamente le complaceremos.

Puede consultar nuestro catálogo en http://www.edicionesobelisco.com

Colección Psicología
SÉ TU PROPIO COACH Y MEJORA TU VIDA
Fiona Harrold

Título original: *Be Your Own Life Coach*

1.ª edición: octubre de 2007
3.ª edición: abril de 2011

Traducción: *Carmen Ochando*
Maquetación: *Revertext, S.L.*
Corrección: *Carolina Montoto*
Diseño cubierta: *Enrique Iborra*

Pere IV, 78 (Edif. Pedro IV) 3.ª planta 5.ª puerta
Tel. 93 309 85 25 – Fax 93 309 85 23
08005 Barcelona – España
E–mail: obelisco@edicionesobelisco.com

Paracas, 59 Buenos Aires
C1275AFA Repúlica Argentina
Tel. (541-14) 3050633
Tel. (541-14) 3047820

ISBN: 978-84-9777-404-8
Depósito legal: B-14.771-2011

Printed in Spain

Impreso en España en los talleres gráficos de Romanyà/Valls, S.A.
Verdaguer, l. 08786 Capellades (Barcelona)

A mi querido padre, Michael Harrold, el mejor

Nuestro temor más profundo no es ser incompetentes.
Nuestro temor más profundo es ser poderosos sin medida.
Es nuestra luz, y no nuestras sombras, la que nos atemoriza.
Nos preguntamos:
«¿Quién soy yo para brillar, ser guapo, inteligente, fabuloso?».
En realidad, ¿quién eres tú para no serlo?
Eres hijo de Dios.
Tu pequeña representación no sirve al mundo.
No hay nada luminoso en encogerse para que la gente de tu alrededor se sienta segura.
Se supone que todos nosotros brillamos como niños.
Hemos nacido para manifestar la gloria de Dios que hay en nuestro interior.
No en los elegidos, sino en cada uno de nosotros.
Por lo que a medida que dejamos brillar nuestra luz, permitimos a otros hacer lo mismo.
A medida que nos liberamos de nuestros temores, nuestra presencia automáticamente libera a otros.

MARIANNE WILLIAMSON

AGRADECIMIENTOS

Gracias de corazón a Caro Handley por su constante apoyo para que este libro saliera de mí. Gracias a Rowena Webb de Hodder y Stoughton por mantener su confianza en mí. Gracias a mi agente Judith Chilcote por la cantidad necesaria de aliento. Gracias por todo a mi gran apoyo y amigo Don Ford. Y por fin, inmenso agradecimiento y admiración a todos mis clientes, del pasado y del presente, que viven vidas sin temor.

1

Sé el mejor: firma aquí y crea la vida que siempre has querido

Mi recuerdo consciente más lejano de un cambio de vida se remonta a cuando tenía unos once o doce años. Las circunstancias que lo provocaron hace tiempo que desaparecieron, pero la brusquedad y el impacto de aquel momento siguen conmigo. Aquella toma de conciencia iba a moldear mi vida para siempre. Lo que comprendí fue tan simple como esto: que la mayor tragedia de una vida debe de ser vivir arrepentido, alcanzar el estado en que uno se enfrenta a todas las cosas que no ha hecho o ni siquiera ha intentado hacer. En aquel momento decidí intentar hacer todo lo que siempre soñé y vivir mi vida de este modo, para recordarla sin arrepentimiento cuando llegara al final de ella.

Desde entonces, mi vida ha sido moldeada por aquella temprana decisión. Por ejemplo, este libro *tenía* que ser escrito. Sabía que si eludía el desafío, sin ningún género de dudas, acumularía arrepentimiento durante algunos de mis últimos días o años.

Me siento muy afortunada por haber sido provocada a pensar de este modo a una edad tan temprana y el mérito le corresponde a mi padre, quien fue un fanático de la autoayuda mucho antes de que cualquiera de nuestro alrededor hubiese oído el concepto. Mi padre creció en una granja en el sur de Irlanda, dejó la escuela a los catorce años y fue a Inglaterra a unirse con su hermano mayor para buscar oportunidades más allá de la tranquila vida rural que había conocido. Después de la guerra se estableció en Irlanda del Norte, se casó con mi madre y consiguió un trabajo de vendedor a domicilio en la empresa Hoover. Se pasaba los días llamando a las puertas, vendiendo aspiradoras y lavadoras. Al cabo de dos meses había vendido más que nadie en todo el país, incluidos hombres que llevaban años realizando el trabajo.

Mi padre se encontraba en su salsa y acabó fascinado por la psicología de las ventas y el éxito y el potencial humanos. Empezó a leer todo lo que pudo encontrar sobre estos temas y asistió a los seminarios de Dale Carnegie. Dale había sido instruido por Norman Vincent Peale, el padre fundador americano de la filosofía del «puedes-haz», de cuyo libro *The Power of Positive Thinking* se habían vendido treinta y cuatro millones de copias. Él creía que cualquiera puede ser algo, pese a las circunstancias.

A partir de los once años, fui introducida en los pioneros de la autoayuda tales como Napoleon Hill y Clement Stone y en títulos como *Stop worrying and Start Living, How to Win Friends and Influence People* y *Grow Rich While you Sleep!* Papá volvió a casa de sus seminarios en Belfast entusiasmado por las revelaciones que había absorbido, evangélico en su determinación de compartir las pepitas de oro, los secretos del éxito. Ser el mejor, sacar lo mejor de sí mismo se convirtió en una misión y a mí me contagió las ganas de aprender a su lado. El mejor regalo que recibí de él fue tan simple como tomarme en serio y creer en mi habilidad para hacer todo lo que quisiera, y digo todo. Me mostró y me enseñó a mirarme a mí misma como alguien especial, con un talento y un potencial extraordinarios.

Desde joven aprendí que la vida es bastante abierta y que todas y cada una de las cosas son posibles. Papá me enseñó que las únicas limitaciones reales proceden de nuestro interior y no del exterior. Mi padre nunca me desanimó ni se burló de mí; siempre tomó muy en serio mis ambiciones y me apoyó. Cuando a los trece años decidí que quería ser presentadora, mi padre me sugirió que sería conveniente suavizar mi acento irlandés. A partir de aquel momento adopté lo que en Belfast es conocido como acento «Malone Road» y al día siguiente fui a la escuela hablando como si hubiese pasado toda mi vida en el ambiente más elegante de Belfast. La cuestión principal es que mi padre creía, y por consiguiente también yo, que cualquier cosa que quisiera era alcanzable. Él creía en mí y me enseñó a creer en mí misma. Fue, de hecho, mi primer *coach* para la vida. Por supuesto, eso ocurrió algunos años antes de que tomara la decisión de convertirme en *coach*. Y en el ínterin pasé por una crisis que cuestionó la confianza que tenía en mí misma.

Mi padre murió cuando yo contaba veinte años y su pérdida me afectó profundamente. Me mudé a Inglaterra y me involucré con movimientos radicales. Ocupé una casa casi abandonada en el sur de Londres, que compartía con otros radicales como yo. Ellos se veían a sí mismos como víctimas del gobierno, el ayuntamiento o cualquier otra autoridad. Bebían y fumaban demasiado y pasaban el tiempo conspirando para cambiar el mundo.

Para mí, el resultado final de esta actitud vital fue el agotamiento total, la enfermedad y la depresión. Pasé dieciocho meses padeciendo fatiga crónica y luchando para encauzar mi vida. Finalmente, me fui de aquella casa y me distancié de aquella gente. Desconfiando del doctor que me recetó pastillas para dormir y pastillas para mantenerme despierta, empecé a explorar otras vías para encauzar mi vida.

Prácticamente intenté todo tipo de terapias alternativas, desde la homeopatía hasta la curación por el iris, pasando por las hierbas chinas, la reflexología y la acupuntura. Hasta que encontré a una mujer que iba a coger el testigo que mi padre había dejado. Ella, que se consideraba a sí misma una consultora de autoestima, me dio un «masaje intuitivo», que consiste en un masaje basado en las habilidades intuitivas para la curación, algo de lo que nunca antes había oído hablar. Y trabajó conmigo hasta redescubrir el optimismo y el entusiasmo de mi infancia.

Cuando estuve completamente recuperada, me convertí en su aprendiz y pasé los dieciocho meses siguientes aprendiendo todo lo que pude con ella. Cuando se jubiló, asumí su práctica y, aunque hice un par de carreras antes de convertirme en *coach*, nunca más he vuelto a mirar atrás.

La enfermedad me enseñó que el modo de pensar moldea todos los otros aspectos de la vida. Cuando me encontré con gente que se sentía furiosa y sin energía, empecé a sentirme del mismo modo y elegí un entorno que apoyaba tales creencias. Mis niveles de energía, mi salud y mis sentimientos sobre la vida se vieron profundamente afectados, lo cual forzó a reevaluar mi vida y decidí reforzar la confianza en mí misma, como mi padre hacía, y estar con gente que me apoyara. Y una vez más, empecé a sentirme alegre, positiva y confiada. Comprendí que la actitud mental, las creencias y los sentimientos que eligiera moldearían el resto de mi vida.

MI COMPROMISO CONTIGO

Nos estamos embarcando juntos en una aventura y mi intención es hacer por ti lo que mi padre hizo por mí. Pensaré en ti, te hablaré y trabajaré a tu lado con confianza absoluta en ti y tus habilidades. Tendré altas expectativas para ti y querré lo mejor para ti. Creeré en tu maravilloso potencial para hacer, tener y ser lo que quieras.

Te miraré en términos del vasto potencial que posees y te mostraré cómo el único obstáculo que te frena es el modo como te ves a ti mismo. Mi trabajo consistirá en ayudarte a ir más allá de aquellas dudas y miedos que te frenan. Cualesquiera que sean las creencias limitadoras que tengas, nunca es demasiado tarde para cambiarlas y crear un nivel alto de confianza en ti mismo. Y cuando creas en ti mismo —completamente y con convicción— serás capaz de hacer y conseguir lo que quieras.

Por más que veas tu vida y sepas cuál es tu ideal, puedes estar seguro de que implica hacer algo que te realiza, te excita y te cautiva. Y en este libro voy a ayudarte a conseguir ese algo. Esta aventura te llevará coraje, determinación y compromiso y en compensación te daré mi compromiso al cien por cien. Mi promesa es que si eliges trabajar conmigo, a través de los pasos que he dispuesto en este libro, tu vida cambiará en formas que te dejarán sin respiración. Tendrás un desafío y te pediré motivación y esfuerzo. Habrá veces que te sentirás con ganas de abandonar o de liberarte de este libro, pero si permaneces firme, conseguirás una sensación de logro que sólo puede ser descrita como puro goce. Tendrás la emoción de vincularte a ti mismo de un modo que nunca antes pensaste que sería posible. Sentirás la profunda satisfacción que proviene del ir más allá de lo que resulta fácil y cómodo, hacia los sueños y metas que proporcionan verdad y plenitud.

Mi mayor alegría será ayudarte a creer en ti mismo para que puedas abrir la puerta a tu creatividad y enorme potencial. ¡Seré la comadrona de tu genio! Estaré para ti en cada paso de tu camino, convenciéndote y camelándote, manteniéndote fuerte cuando titubees y cuando celebres tus victorias.

A lo largo de los años he pasado por este proceso con muchos clientes, lo que ha sido y continúa siendo algo enormemente gratificante. He visto a la gente pasar de la incertidumbre y las dudas sobre sí misma a la certidumbre y la confianza, y florecer de modos que nunca habían pensado que fueran posibles.

Historia de Caroline

Caroline es un buen ejemplo de lo que estoy hablando.

Trabajé con ella para un programa de televisión. Me había escrito diciendo que le gustaría volver a trabajar ahora que sus hijos iban a la escuela, pero que no tenía la más mínima idea de lo que podía hacer.

Caroline era una mujer de treinta y ocho años agradable y efervescente que desprendía calidez y personalidad. En nuestra primera sesión le pregunté sobre todo lo que le gustaba hacer, tanto ahora como antes de ser madre, y resultó que le encantaba transformar habitaciones, apartamentos y casas. No es preciso decir que pronto me di cuenta de que era muy brillante haciéndolo y que podría hacerlo con un presupuesto mínimo. Empezamos con un concepto completamente nuevo de empresa al que llamamos «Convierte tu casa en un hogar: Asistencia para el hogar de Carolina Kerr», que en poco tiempo solicitaron profesionales ocupados para crear el tipo de hogares en los que querían vivir.

Caroline veía que aquello era un buen asunto, pero no se sentía a gusto con la idea de pedir dinero por algo que había sido su afición. El pensamiento de recibir dinero por hacer algo que le gustaba le proporcionaba todo tipo de dudas e incertidumbres. En las siguientes semanas me

CONCENTRÉ EN AUMENTAR SU SENTIDO DE AUTOESTIMA Y ABORDÉ LO MUCHO QUE ELLA TENÍA QUE OFRECER A LOS POTENCIALES CLIENTES. APRENDIÓ A SUSTITUIR SUS ANTIGUAS Y LIMITADAS CREENCIAS POR OTRAS NUEVAS TALES COMO: «SOY SUFICIENTEMENTE BUENA» Y «A OTRA GENTE LE GUSTA PAGARME POR MI TRABAJO». PRONTO EMPEZÓ A CREER EN SÍ MISMA.

COMO ESTABA CREANDO UN TIPO DE SERVICIO NUEVO, SIN PRECEDENTES, NO SE PODÍA UTILIZAR NINGUNA REFERENCIA DE HONORARIOS, ASÍ ES QUE NOS PROPUSIMOS CREAR UNA. SUGERÍ QUE LOS HONORARIOS TENÍAN QUE SER FLEXIBLES Y QUE DEBÍA SENTIRSE A GUSTO CON LOS PRECIOS Y CARGOS QUE IBA A COBRAR, SABIENDO QUE PODRÍA CAMBIARLOS CON EL CLIENTE SIGUIENTE.

DURANTE LAS SIGUIENTES SEMANAS DEL PROGRAMA, LOS TELEVIDENTES SIGUIERON LOS PROGRESOS DE CAROLINE Y OBSERVARON CÓMO AUMENTABAN SUS NIVELES DE CONFIANZA, IBA CREYENDO EN SÍ MISMA Y SE VEÍA COMO LA MUJER TALENTOSA QUE ERA. LA PRIMERA VEZ QUE LA HABÍA VISTO, ERA MODESTA HASTA EL PUNTO DE MENOSPRECIAR SUS TALENTOS, INSISTIENDO EN QUE CUALQUIERA PODÍA HACER LO QUE ELLA HACÍA. PERO AL FINAL DEL PRIMER MES, NO DUDABA EN ABSOLUTO SOBRE SU TALENTO Y POTENCIAL ÚNICOS Y ESTABA EMPEZANDO A VER TODAS LAS OPORTUNIDADES Y POSIBILIDADES A SU ALCANCE.

EL SIGUIENTE PASO DE CAROLINE CONSISTIÓ EN ACERCARSE A UN PERIÓDICO ESCOCÉS, DONDE LA ENTREVISTARON Y PUBLICARON UN ARTÍCULO SOBRE SU EMPRESA. ¿EL RESULTADO? CAROLINE CONSIGUIÓ SU PRIMER CLIENTE: UNA PROFESIONAL QUE SE HABÍA MUDADO A UN NUEVO APARTAMENTO Y NECESITABA REDECORAR POR COMPLETO EL ESPACIO. ESTABA ENCANTADA DE HABER ENCONTRADO A CAROLINE Y DESPUÉS DE SU PRIMER ENCUENTRO, LA CONTRATÓ PARA QUE ARREGLARA TODO EL APARTAMENTO. LA «ASISTENCIA PARA EL HOGAR DE CAROLINE KERR» ESTABA EN MARCHA.

Como Caroline, mereces hacer algo para utilizar tus habilidades y talentos particulares, algo que realmente te guste. Mereces tener una vida que te estimule y te llene.

QUÉ HARÉ POR TI

Como *coach*, trabajaré contigo para crear tu vida ideal, así es que déjame que te explique cómo lo voy a hacer. El *coaching* como práctica incluye tres aspectos, todos igualmente importantes:

- Primero, creeré en ti completamente y demostraré esta creencia tomándote en serio y tomando en serio tus deseos.
- Segundo, te animaré a que muestres fe en ti y a que creas en ti mismo. Alimentaré consistentemente tu confianza en ti mismo para que crezcas y florezcas, con lo que también aumentará tu confianza.
- Tercero, definiré contigo un plan de acción para alcanzar tus metas y deseos y te mantendré en el camino hacia ellos.

Cuando acepto nuevos clientes, les pido que firmen un contrato en el que acepten los términos bajo los que los entrenaré. Después les pido que escriban debajo un pequeño resumen informativo sobre algunas de sus metas, expectativas y cosas que les gustan de sí mismos. También les pido que observen las cosas que les gustaría cambiar.

A continuación, hablo con ellos personalmente o por teléfono durante una hora, instándoles a que clarifiquen que lo que quieren, y después esbozamos un plan de acción. Hablamos semanalmente a horas concertadas. Estas citas son acordadas previamente e insisto en que se atengan a ellas porque sin un compromiso real, el *coaching* no funciona. Al final de cada sesión le doy a cada cliente tareas y desafíos específicos que deben llevar a cabo antes de la siguiente sesión. Otra vez, espero que sean cumplidos.

En este estadio es importante tener en cuenta la diferencia entre terapia o consejería y entrenamiento, tal y como lo practico.

La terapia puede ser enormemente beneficiosa para algunas personas, pero normalmente implica mirar hacia el pasado y crear una imagen de ti mismo como alguien con temas que obstaculizaron tu vida. Esto opera en la dirección a la que estoy llevando a cabo a través del *coaching*. Yo no estoy interesada en mirar hacia atrás y concentrarme en lo que no ha funcionado o en asuntos que han sido dolorosos.

Algunos de mis clientes más complicados han sido aquellos que han pasado años haciendo terapia. Todo lo que ocurre en el presente está relacionado con algo del pasado y esto a menudo se convierte en el obstáculo que les impide ir hacia delante porque no creen que el cambio pueda ser fácil y sin complicaciones. Están llenos de excusas para no actuar, llenos de explicaciones y justificaciones. Pero este tipo de actitud es muy diferente a la mía.

El entrenamiento mueve a la gente hacia delante, deprisa y fácilmente. Alguna gente lo ha denominado «*Coaching* de campaña» y admito que puedo ser dura en lo que estoy pidiendo. No voy a ser suave contigo. Quiero acción, no excusas. Nunca mimo a mis clientes ni los veo como personas con problemas. Los veo como personas sanas, fuertes y capaces. Mis expectativas son altas porque sé que si se espera lo mejor de alguien, se da lo mejor.

Y éste es el modo como te voy a entrenar. Te pediré que firmes un contrato conmigo al final de este capítulo. Te pediré que trabajes con este libro cada semana, durante el tiempo que reservarás a tal propósito. Te daré ejercicios y te propondré retos y tareas, y juntos examinaremos cada aspecto singular de tu vida y veremos lo que funciona y lo que no para que podamos despejar el camino hacia lo que realmente quieres.

MI PROMESA

Si estás dispuesto a cumplir tu parte y a mantenerte fiel a mí, te prometo en recompensa lo siguiente:

- Te infundiré confianza indestructible en ti mismo y te enseñaré a eliminar las dudas y las limitaciones que te frenan.
- Te entrenaré para que te mantengas mentalmente ágil y en forma, a pensar como un optimista natural, a esperar el éxito y a manejar reveses deprisa y fácilmente.

- Te ayudaré a transformar tus deseos, tus sueños y ambiciones en metas precisas.
- Te motivaré a que actúes.

A medida que trabajemos juntos conseguirás la fortaleza mental y la flexibilidad de un atleta de talla mundial, respondiendo a tu altura, compitiendo contigo mismo para superar lo mejor de ti mismo y disfrutando de ti tanto como puedas. Te darás cuenta de que cuanto más fuerte y decidido crezcas, más capaz serás de esforzarte más duramente, y te sorprenderás de la amplitud de tus habilidades.

Te unirás al pequeño porcentaje de personas que realmente realizan su potencial. Te unirás al conjunto de mis clientes y participantes en seminarios que viven sus vidas sin temor y apasionadamente.

TU COMPROMISO CONTIGO MISMO

Quiero que me utilices como entrenadora y que utilices este libro como guía para conseguir tu misión propia y personal: el cumplimiento de tu verdadero potencial y el inicio de tu vida ideal. Mis clientes consiguen resultados; algunos de ellos extraordinarios. A cada uno de ellos le presto completa atención. Espero, quiero y pido lo mejor de ellos y quiero lo mejor para ellos. Doy el cien por cien de mí misma a cada cliente; estoy completamente comprometida con ellos y sus metas. Entonces, ¿por qué un cliente lo hará bien mientras que otro lo hará con brillantez? ¿Por qué uno conseguirá buenos resultados mientras que otro los conseguirá sensacionales? ¿Qué es lo que hace esta diferencia vital? ¿La suerte, las circunstancias, las estrellas? No, en absoluto.

A lo largo de años de trabajar con cientos de clientes he visto una y otra vez lo que constituye la diferencia vital y puedo decir cuál es con absoluta convicción. Se trata del grado de compromiso que adquiere cada cliente consigo mismo y sus metas cuando trabajo con ellos. Por lo tanto, en este estudio es importante que comprendas de qué se trata este compromiso y estés dispuesto a suscribirlo. Sólo haciéndolo puedes conseguir fantásticos resultados en tu vida.

Este compromiso se compone de cuatro elementos distintivos:

- Motivación.
- Confianza en uno mismo.
- Disciplina.
- Buena disposición hacia el desafío.

Veamos con más detalle estos cuatro aspectos:

Motivación

Ésta es la medida de cuantos cambios quieras introducir en tu vida y se trata del factor más importante. ¿Estás preparado para el cambio de verdad? ¿Estás harto de cómo han sido las cosas? ¿Has tenido ya suficientes peleas, preocupaciones, soledad, inseguridad, de sentirte un segundón y pensar «si sólo»? Si has tenido bastante de todo esto y estás dispuesto a hacer algo al respecto, tu motivación será grande.

Confianza en uno mismo

Éste es el grado por el que interiormente te crees digno y merecedor de las buenas cosas que estás a punto de proporcionarle a la vida. Sin ella, estarás saboteando y resistiéndote a todas esas cosas buenas. Puede que tu confianza en ti mismo no sea perfecta, pero lo que realmente importa en este estadio es que estés dispuesto, con mi ayuda, a incrementarla.

Disciplina

Se trata de una cualidad vital porque, cuando el camino se inicie, será tu disciplina la que te hará avanzar. Es fácil ser entusiasta y trabajar duramente cuando las cosas marchan bien, pero los cambios implican ciertos desajustes y habrá días en que tengas algún contratiempo o no te sientas dispuesto a probar. Entonces es importante que prosigas, y la disciplina será tu aliada.

Buena disposición hacia el desafío

Se trata de estar dispuesto a desafiarte a ti mismo y a todo aquello que conoces, incluidas cosas que has creído sobre ti y tu mundo. Este desafío es necesario para crear nuevos modos de pensar y ser, así como para permitir una nueva variedad de posibilidades en tu vida. Si permaneces encerrado en lo conocido y familiar, descartarás lo nuevo y permanecerás en el mismo lugar.

Toda la ayuda, sostén e inspiración que puedo proporcionarte tienen que estar alentados por tu compromiso. Debes estar preparado para echarle carbón al fuego de la confianza en ti mismo y manejar las inevitables dificultades e impedimentos rápida y eficazmente. Debes estar dispuesto a postergar tu desconfianza y a creer que las cosas que quieres son posibles.

Esto te exigirá estar lo mejor que puedas y responsabilizarte de crear la vida que quieres. Y, lo más importante, necesitarás desarrollar una saludable relación contigo mismo.

Si en cualquier momento te sientes decaído, inactivo o inseguro, vuelve a esta sección. Habrás tenido un lapsus en uno o más de los cuatro elementos de compromiso y necesitarás refrescar y renovar estos aspectos.

HISTORIA DE NICOLE

NICOLE ERA PERIODISTA DE UN DIARIO NACIONAL Y LLEVABA UNA VIDA QUE LA GENTE CONSIDERABA ENVIDIABLE. VINO A MÍ PORQUE NO ESTABA HACIENDO LA ÚNICA COSA QUE HABÍA QUERIDO HACER DESDE QUE TENÍA SIETE AÑOS: ESCRIBIR NOVELAS. A LOS TREINTA Y SIETE AÑOS, LAS EXIGENCIAS DE SU CARRERA IMPLICABAN QUE SU SUEÑO QUEDARA ARCHIVADO.

LA CREENCIA DE NICOLE EN SU HABILIDAD PARA ESCRIBIR UNA NOVELA HABÍA SIDO EN TODO MOMENTO BAJA, PERO SENTÍA QUE TENÍA QUE INTENTARLO O SIEMPRE ESTARÍA IMAGINANDO ¿QUÉ HUBIERA PASADO SI...?

LE PEDÍ QUE VINIERA CON UNA IDEA SOBRE SU LIBRO Y QUE ESCRIBIERA UN CAPÍTULO PARA MÍ, POSPONIENDO CUALQUIER TIPO DE JUICIO O CRÍTICA SOBRE ÉL. EL CAPÍTULO LLEGÓ JUNTO CON UN ESBOZO DEL RESTO DEL LIBRO. ME ENCONTRÉ A MÍ MISMA RIENDO A CARCAJADAS MIENTRAS LO LEÍA DURANTE UN VIAJE EN

TREN. NICOLE ESCRIBIÓ OTROS TRES CAPÍTULOS Y LOS ENVIÓ A UN IMPORTANTE AGENTE LITERARIO, QUE LA LLAMÓ DE INMEDIATO PARA ACEPTARLA COMO CLIENTE. AHORA HA FIRMADO UN CONTRATO CON ESTE AGENTE Y ESTÁ TERMINANDO DE ESCRIBIR SU NOVELA.

LO MÁS IMPORTANTE DE LA HISTORIA DE NICOLE ES QUE QUERÍA AVANZAR QUE ALGUIEN LEYESE LO ESCRITO. NICOLE MOSTRÓ UN TOTAL COMPROMISO Y DISPOSICIÓN A ACEPTAR RIESGOS Y REALIZAR LAS ACCIONES NECESARIAS. COMO RESULTADO, SUS NIVELES DE CONFIANZA SE HAN INCREMENTADO NOTABLEMENTE Y AHORA PUEDE VER QUE SE HA ABIERTO UN NUEVO CAMINO DE VIDA PARA ELLA.

TU VIDA IDEAL

Antes de ver cómo crearás tu vida ideal tienes que saber cuál es. Quizás imagines que es la parte más sencilla. ¿Ser millonario, dejar tu trabajo y disfrutar el resto de tu vida? ¿Te ves a ti mismo tumbado en la arena de algún lugar plácido y cálido, con olas de azul cristal acariciando tus pies?

Bueno, vamos a afrontar este aspecto: ¿quién no ha tenido fantasías de este tipo en algún momento? Pero ahí está la cuestión: son fantasías. Para encontrar tu verdadera vida ideal se tiene que mirar un poco más allá. ¿Qué harías después de estar un mes tumbado en la arena, cuando estuvieras aburrido e inquieto? La razón por la que éste no es un manual de cómo convertirse en millonario —aunque, por supuesto, puedes convertirte en uno de ellos— es porque lo que realmente queremos es algo más que dinero.

Yo solía tener una imagen fija de lo que sería una vida ideal e imaginaba que todo el mundo la compartía. Pensaba que probablemente todos querían aproximadamente las mismas cosas en su vida laboral: mucho dinero, pocas horas de trabajo y éxito laboral. Fue un taxista londinense quien me enseñó a ver las cosas de manera muy diferente.

Una noche, mientras me conducía a casa y conversaba como suelen los conductores, me dijo que tenía dos trabajos: durante el día trabajaba como soldador y que, después de ducharse, pasaba las tardes en su taxi. Empecé a compadecerle por lo pesado que tenía que ser trabajar tantas horas.

—Pobre —le dije.

Me miró sorprendido

—¿Por qué dices eso? —me preguntó—. Me siento realmente feliz con lo que hago. Me divierto con los operarios durante el día y me lo paso bien en el taxi por la noche. Cuando la deje en casa, esperaré hasta que esté a salvo en el interior y sabré que he hecho un buen trabajo.

Lo que me dijo cambió mis ideas sobre lo que era una vida ideal. Me di cuenta de que él estaba viviendo su vida ideal y que ésta era únicamente suya. Lo que hace la imagen de una vida ideal es algo completamente individual para cada uno de nosotros. A partir de entonces, me he fascinado y conmovido sin parar por las vidas ideales que mis clientes han soñado para sí mismos. Y estoy profundamente satisfecha de haber trabajado con cada uno de ellos para convertir sus sueños en realidad. He descubierto, sin excepciones, que el sueño que tiene cada persona está completamente relacionado con ella misma y que, por tanto, es realizable del todo.

Piensa sobre lo que verdaderamente te satisface, lo que te proporciona un sentido de logro, lo que te absorbe hasta el punto de no tener conciencia del paso del tiempo, lo que te excita, lo que te gusta tanto hacer que te sientes realmente feliz de hacerlo frecuentemente.

La mayoría de nosotros sabemos, muy profundamente, lo que nos gustaría hacer, pero lo mantenemos en secreto porque pensamos que en realidad es imposible vivir algo que nos gusta tanto. Quizás se trate de una afición en este momento, quizás se trate de un sueño. Pero está ahí, casi seguro, en algún lugar.

Así es que piensa en el resto de tu vida: tus relaciones, tu hogar, tu tipo de vida. ¿Qué es lo que realmente te gustaría cambiar, añadir o mejorar?

Ejercicio

Ahora quiero que pases cinco minutos escribiendo cinco cosas que siempre hayas querido hacer, que no hayas realizado o que hayas descartado como imposibles. No pienses sobre ello durante mucho tiempo. Sólo empieza a escribir y observa lo que surge.

Al lado de cada meta, escribe dos razones para tu trabajo de *coaching*, porque estas razones te proporcionarán una clara indicación de cómo te ves a ti mismo y cuáles crees que son tus limitaciones.

Haz una lista de cinco maneras por las que tu vida podría ser diferente si usases ese libro, para ver el modo cómo te ves a ti mismo. ¿Cómo alguien podría descubrir que estás viviendo sin temor a vivir según tu potencial, a asumir riesgos, a superar contratiempos y a vivir la vida que realmente quieres?

Guarda lo que has escrito porque hacia el final del libro podrás volver sobre lo escrito y ver los progresos que has hecho.

¿Quieres cambiar tu carrera? ¿Mejorar tu carrera? ¿Otra relación o mejorar una que ya tienes? ¿Más dinero? ¿Más salud? ¿Más tiempo personal? ¿Te ves a ti mismo trabajando más, o trabajando menos, usando tu tiempo de un modo más constructivo, siendo apreciado por tu magnífico trabajo, en una cariñosa y satisfactoria relación amorosa?

Tanto si sientes que tus metas son absolutamente imposibles como si ya has realizado algunos pasos en el proceso de transformación de alguna de ellas, ahora es el momento de convertirlas en realidad.

Trabaja conmigo a través del resto de este libro y te daré seguridad, confianza en ti mismo, valor y determinación para conseguir cualquiera que sea la cosa que más deseas en este mundo.

NUESTRO CONTRATO

Es el momento de mostrar tu compromiso contigo mismo, de cambiar tu vida a través del *coaching* y de seguir el camino del valor, la determinación y la audacia mediante la firma del siguiente contrato.

Contrato de *coaching*

Acuerdo manifestar mi compromiso conmigo y con la relación de *coaching* en los términos siguientes:

1) Dedicando un mínimo de treinta minutos diarios, que planificaré con anticipación, a leer y trabajar con este libro.
2) Llevando a cabo los retos y tareas que mi *coach* me asigne, sin demora.
3) Ser capaz de posponer mi falta de confianza cuando sea necesario.
4) Seguir avanzando, aunque la marcha se resista.
5) Elijo adoptar una perspectiva más entusiasta y optimista en mi vida, de ahora en adelante.

Firma Fecha

Acuerdo entrenarte, según mis mejores habilidades, a creer en ti, animarte y darte el cien por cien de mi energía y compromiso.

Firma Fiona Harrold Fecha

A través de la firma de este contrato conmigo has dado un paso valiente y audaz hacia la conversión en la persona que quieres ser y la creación del futuro que quieres vivir. ¡Felicidades y bienvenido!

2

¿Quién crees que eres? ¿Qué necesitas para pensar que puedes tener la vida que quieres?

En este capítulo te guiaré en tus primeros pasos hacia la consecución de las metas y sueños que tengas. A fin de que seas lo mejor que puedas ser y crees la vida brillante que mereces, es preciso que comprendas primero cómo te ves a ti mismo. La mejor ventaja que puedes tener en la vida es verte como alguien especial y apreciar aquellas cualidades que te distinguen de cualquier otra persona.

Cuando crees en ti mismo al cien por cien, cuando tienes la posibilidad de tenerte en la más alta consideración y esperas ser capaz de crear una vida exitosa y positiva para ti mismo, cualquier cosa es posible. Por desgracia, muy poca gente se ve a sí misma de este modo. La mayoría de la gente está más dispuesta a hacer una lista de sus malas cualidades o sus defectos que de sus virtudes o de sus puntos fuertes. De este modo limitan su potencial y crean frustraciones y fracasos en sus vidas. Henry Ford resumió todo esto del mejor modo cuando dijo: «Tanto si piensas que puedes como que no puedes, tienes razón».

Mucha gente también se siente con habilidad para tener éxito en algunos aspectos, pero no en otros. Por ejemplo, te puedes ver a ti mismo como alguien capaz de ser bueno en el trabajo, pero sin esperanzas para las relaciones personales. O puedes creer que puedes tener una maravillosa relación, pero no ser rico y poderoso también. No importa lo negativa, poco favorecida o inadecuada imagen que tengas de ti mismo, porque es completamente posible darle la vuelta en poco tiempo y convertirla en algo verdaderamente especial a tus ojos. Nunca es demasiado tarde para convertirse en la persona que quieres ser.

Éste es el primer regalo que te ofrezco. Para cuando hayas terminado este capítulo a tus ojos serás una estrella, alguien con una disposición natural para conseguir lo que se propone, alguien que atrae suerte y éxito en cada aspecto de su vida. Juntos vamos a alinear la imagen de ti mismo con el modo en que quieres que sea tu vida, porque la imagen de ti mismo es el cimiento sobre el que se construye tu vida. Si quieres una vida feliz, exitosa, con talento y con suerte, entonces debes verte a ti mismo como una persona feliz, exitosa y con talento. La imagen de ti mismo es tu plano para el éxito y condicionará cada uno de los aspectos de tu vida, desde el modo como te sientes hasta la calidad de tus relaciones y el trabajo que estés realizando.

Ésta es la razón por la que al principio de nuestro viaje juntos me estoy centrando en tu autoimagen. Las metas que te estás proponiendo, los sueños que tienes estarán bastante más lejos si es pobre la imagen que tienes de ti mismo. Una vez tengas una autoimagen fuerte y saludable en el lugar apropiado, cualquier cosa se convertirá en algo más fácil y bastante más sencillo.

HISTORIA DE NATALIE

MI AMIGA NATALIE TIENE UNA AUTOIMAGEN DE LAS MÁS PODEROSAS Y POSITIVAS CON LAS QUE NUNCA ME HE TOPADO. LOS PADRES DE NATALIE DESEABAN DESESPERADAMENTE UN HIJO Y A PESAR DE QUE LOS MÉDICOS ADVIRTIERON A SU MADRE QUE UN EMBARAZO PODÍA PONER EN PELIGRO SU VIDA, SIGUIÓ ADELANTE Y SE QUEDÓ EMBARAZADA. EL EMBARAZO FUE CELEBRADO CON INMENSA ALEGRÍA, Y AUNQUE PASÓ LA MAYOR PARTE DEL EMBARAZO EN EL HOSPITAL, LA MADRE DE NATALIE SINTIÓ QUE MERECÍA LA PENA. TODOS LOS MÉDICOS Y ENFERMERAS DEL HOSPITAL PUDIERON OBSERVAR CUÁN ESPECIAL ERA AQUEL BEBÉ PARA SUS PADRES Y LO MISMO SINTIERON ELLOS.

ASÍ ES QUE NATALIE LLEGÓ A ESTE MUNDO RODEADA DE GENTE QUE CREÍA QUE ERA EXTRAORDINARIAMENTE ESPECIAL Y CRECIÓ CON ESTA CREENCIA FIRMEMENTE ASENTADA EN SU PROPIA mente. Por eso desde pequeña Natalie era discretamente confiada y entusiasta de la vida. Daba por supuesto que estaba destinada a tener una vida única y sólo era capaz de anticipar éxito y plenitud.

Natalie ha cumplido todas sus expectativas. Ahora tiene unos burbujeantes y alegres treinta y cinco años y es una productora de televisión con éxito y una persona inmensamente atractiva y carismática y todo el mundo está encantado de conocerla. Es lo que frecuentemente se describe como «persona encantadora». Posee una resistencia natural que le permite recuperarse de los reveses y las decepciones y va por la vida con un ligero toque personal que atrae a las personas y oportunidades adecuadas.

Como de niña Natalie fue amada y valorada por su entorno, ¿cómo podía dejar de verse a sí misma como alguien especial? Eso no significa, por supuesto, que se sienta superior a cualquiera o que sea arrogante o petulante. Estas características pertenecen a personas que no se sienten a gusto consigo mismas. Natalie simplemente aprecia sus cualidades y talentos y posee una confianza natural que la sostiene.

LOS ORÍGENES DE NUESTRA AUTOIMAGEN

Quiero que te veas a ti mismo exactamente del mismo modo que Natalie. Quiero sacar de tu vida las luchas y dificultades innecesarias y poner en su lugar éxito y facilidades, y voy a mostrarte cómo conseguirlo.

¿Te parece increíble? ¿Estás seguro de que simplemente eres la persona que eres, condicionada por los genes, el nacimiento y las circunstancias y que no puedes cambiar? Mucha gente se siente así. Jennifer, una buena amiga y una adelantada y brillante mujer me dijo que «todo el mundo tiene sus propios límites». Siente que todos estamos condicionados a no ir más allá de ciertos niveles y logros.

Mi creencia y mi experiencia me dicen que en la vida simplemente encontramos el nivel que estamos condicionados a encontrar y conducidos a esperar. La autoimagen que posees en la actualidad es el resultado de una serie de mensajes e instrucciones repetidos que de niño recibiste de las figuras de autoridad de tu entorno. El modo como hoy te ves a ti mismo es el resultado del condicionamiento de tus padres, familia, maestros y otros adultos influyentes en tu vida.

El dicho «Dame a un niño hasta los siete años y te mostraré al adulto» es cierto. Cada uno de nosotros está poderosamente programado para ser de un modo determinado, para tener ciertas creencias y llevar a cabo ciertas acciones.

Esta teoría apareció recientemente en mi casa a raíz de una conversación que tuve con un niño de ocho años amigo de mi hijo. Estaba acompañando a Andrew a su casa y le pregunté qué quería ser de mayor.

—No sé. Supongo que trabajaré en una tienda —me dijo.

—Qué interesante —respondí—. ¿En algún tipo de tienda especial?

—No —me contestó—, la que mejor pague.

Andrew me preguntó qué es, lo que quería hacer mi hijo de diez años, James.

—Quiere ser una estrella del pop y, lo que es más importante, tener una limusina tan pronto como sea —le dije.

—¡Va!, es un soñador —se burló—. Muy poca gente puede ser una estrella del pop y las limusinas cuestan mucho dinero.

¡Evidentemente Andrew no había sido condicionado a desear un futuro desafiante! No hay nada malo en trabajar en una tienda, pero el modo como el niño hablaba sobre ello me dijo que se veía a sí mismo como alguien que sólo podía aspirar a trabajar en una tienda. Para él, trabajar en una tienda no era una elección emocionante, pero era algo que sentía que podía terminar haciendo.

A sus ocho años, Andrew tiene una asentada autoimagen que es enormemente restrictiva. A menos que tenga la suerte de quedar expuesto a una influencia adulta muy diferente, estará condenado a una vida cuya respuesta a ideas retadoras será *¡Va!* Y, por supuesto, cuando sea adulto habrá acumulado una cantidad de evidencias suficientes, como hacemos todos, para mantener su actitud para probar que no es posible nada más allá de la vida que tenga. Su autoimagen le garantizará que nunca llevará una vida extraordinaria y probablemente un cínico con esa actitud de *¡va!* que hace de él alguien resentido con el éxito de cualquier otro.

El único modo de cambiar un condicionamiento infantil como éste consiste en tomar la decisión de hacerte cargo de tu propia programación y reprogramar aquellos pensamientos y creencias que te paralizan.

Tu vida actual es el resultado de tus creencias pasadas. Tu futuro será el resultado de las creencias que hoy decidas sustentar. Estás moldeando tu futuro, ahora. Tú decides vivir una vida de limitaciones convencionales y potenciales minúsculos o una vida de oportunidades ilimitadas y posibilidades infinitas.

Tu autoimagen no está fijada ni es más absoluta que el desayuno de mañana. Podrías despertarte y decidir tomar champán y melocotones en lugar de tostadas con té. Pues bien, con tu autoimagen pasa lo mismo. Decide hoy que vas a elevarla hasta el nivel más alto de verdad, porque ésta es la libertad de elección que tienes. Tienes la habilidad y libertad de elegir, ahora mismo, de superar todos tus niveles de logros pasados.

LA AUTOIMAGEN QUE TIENES AHORA MISMO

Es hora de cavar un poco más y averiguar el modo como te ves a ti mismo ahora. La llave para abrir tu potencial es comprender lo que has aprendido a pensar y sentir sobre ti mismo a lo largo de tu vida. Con esta comprensión llega la habilidad de cambiar y elegir nuevas maneras de pensar y comportarte que darán como resultado más sentimientos positivos sobre ti.

El modo como piensas sobre ti mismo, determina todo lo que dices, haces, crees y sientes. El mundo de tu alrededor es un reflejo de tu mundo interior. Lo que sea que ves fuera tiene un paralelo en tu interior. Por ejemplo, si crees que no eres muy atractivo físicamente, tu mundo exterior confirmará esta creencia interior. En otras palabras, te darás cuenta y recopilarás evidencias que sostengan esta creencia, tales como críticas a tu apariencia, mientras que desviarás o ignorarás cualquier cosa que no coincida con tu creencia, tales como los halagos. Así es que la cuestión ardiente es: ¿quién crees que eres?

Ejercicio

Coge bolígrafo y papel y responde a la siguiente pregunta en no más de diez líneas. No pienses ni planifiques; tan sólo escribe lo primero que te venga a la mente.

¿Quién creo que soy?

Haciendo esto, te habrás dado cuenta de que tienes todo tipo de pensamientos y conclusiones sobre ti mismo, mezcla de cosas buenas y malas, positivas y negativas.

Algunos de estos pensamientos, por supuesto, serán apropiados y útiles en tu vida, pero yo estoy interesada en aquellos que se interponen en tu camino hacia tus sueños y esperanzas y que te paralizan. Vivir con este tipo de pensamientos negativos sobre ti mismo es como viajar por la vida con frenos. Puedes llegar a algunos de tus destinos, pero conseguirlos será como una batalla en cuesta arriba, que supondrá esfuerzo y resistencia. Y otros destinos serán imposibles de alcanzar. Es como si los pensamientos y creencias negativos que tienes sobre ti mismo se centrasen en uno o dos aspectos de tu vida. La mayoría de nosotros tiene diferentes autoimágenes para diferentes partes de nuestras vidas y a menudo me encuentro con nuevos clientes que funcionan estupendamente en algunos aspectos de sus vidas mientras que en otros no funcionan del todo.

Historia de Jonathan

Jonathan era un cliente que tenía una autoimagen excelente en relación con su trabajo y su carrera. Era muy brillante en el trabajo, y regularmente y sin demasiado esfuerzo conseguía promocionarse. Pero en asuntos de mujeres y relaciones la cuestión era completamente diferente.

Jonathan estaba deseando encontrar a la mujer adecuada y asentarse. Había acudido a una agencia matrimonial y había tenido bastantes citas, todas con éxito limitado. Durante nuestra primera consulta le prohibí ir a ninguna otra cita en un mes por lo menos, porque no había nada que hacer hasta que cambiara su autoimagen respecto a las mujeres y a las relaciones. Tenía que hacer el trabajo preliminar a fin de tener éxito.

Jonathan y yo descubrimos pronto que se veía a sí mismo como alguien atraído por las mujeres que lo decepcionaban. Ésta fue claramente una desastrosa posición desde la que operar.

Jonathan era capaz de ver que ponía a sus novias en pedestales, una posición que ellas ni pedían ni se merecían. Veía a sus novias como muy valiosas y a sí mismo como a su admirador. En su última relación había invertido montones de tiempo y energía ayudando a su novia a perder peso, ayudándola a recuperar la confianza en sí misma y a reordenar su vida. Así es que se sintió terriblemente decepcionado cuando no obtuvo a cambio la misma devoción.

Animé a Jonathan a trabajar intensamente para reemplazar su baja autoimagen a cambio de una nueva en la que se viera a sí mismo como el tipo de hombre que naturalmente atraía a mujeres maravillosas y con confianza en sí mismas. Él se vendería a sí mismo como el tipo de chico que cualquier mujer sería feliz de tener en su vida. En muy poco tiempo, los niveles de confianza de Jonathan en sí mismo se elevaron. Sus amigos de dieron cuenta de que se había vuelto más seguro y extravertido y se sintió preparado para una nueva cita.

Jonathan se dio cuenta de que era capaz de alejarse de mujeres que no le convenían porque había consolidado nuevos estándares para sí mismo y no estaba dispuesto a dejarse tratar mal. Al cabo de unas semanas encontró una encantadora mujer y ahora está feliz con ella y disfrutando de un completamente nuevo tipo de relación.

Ejercicio

Cavemos un poquito más hondo y descubramos lo que aprendiste sobre ti mismo de tus primeras figuras de autoridad: tus padres, maestros y otros adultos cercanos. Coge un bolígrafo y una libreta y escribe cinco respuestas para cada una de las siguientes preguntas:

1. *Algo sobre mí mismo que aprendí de mi madre fue...*
2. *Algo sobre mí mismo que aprendí de mi padre fue...*
3. *Algo sobre mí mismo que aprendí de la escuela fue...*
4. *Algo sobre mí mismo que aprendí de (pon aquí cualquier otra figura de autoridad) fue...*

¿Algunas de tus respuestas aparecen más de una vez? ¿Reconoces inmediatamente las más familiares? ¿Puedes ver con claridad qué afirmaciones son las principales culpables de restringirte y frenarte?

Quizás recibiste mensajes diferentes de tu padre y de tu madre. Se trata de algo bastante común y a menudo produce confusión e incertidumbre. Tal vez el escribir esta información ha permitido que todo tipo de recuerdos se revelaran y desencadenaran. Si sientes la necesidad de hablar o trabajar sobre algunos de los temas, busca un buen oyente, un amigo o un asesor profesional.

Mi interés en tu pasado consiste sólo en ver cómo te influye y afecta a tu futuro. Mi acercamiento no implica centrarse en el pasado porque mi objetivo es ir hacia delante con ímpetu y entusiasmo, y tan rápido como sea posible. Centrarse demasiado en el pasado sólo nos desviará del objetivo.

Ejercicio

Coge bolígrafo y papel y completa las siguientes declaraciones con las primeras diez respuestas que se te ocurran:
Las creencias limitadoras que sostengo sobre mí son...
Realiza lo mismo para la siguiente declaración
Las tres creencias limitadoras que me paralizan son...

Con estas respuestas dispones ahora de toda la información que necesitas acerca de los aspectos más dañinos y restrictivos de cómo te ves. Y en particular las tres creencias clave tienen una poderosa influencia sobre el modo cómo moldeas tu vida. Y en cuanto elijas cambiar estas creencias ya no estarás a merced de tus condicionamientos.

Historia de Suzanne

Suzanne era una agradable e inmensamente cálida mujer de cuarenta años que se había divorciado hacía poco y estaba criando sola a dos hijos. También había vuelto a trabajar como auxiliar en un consultorio después de diez años de dedicación completa a la maternidad.

Cuando empecé a trabajar con Suzanne, muy pronto se hizo evidente que se veía a si misma como un ser esencialmente estúpido. Su programación era tan poderosa y estaba tan afianzada que su manera de hacer en el trabajo estaba completamente teñida por esta convicción. Tenía muy poca fe en su habilidad para realizar tareas simples y a menudo se olvidaba de los números de teléfono o los confundía.

Cuando le señalé a Suzanne que hablaba y comportaba como si creyese que era estúpida, se mostró de acuerdo. Me dijo que de pequeña había sido denigrada y que su matrimonio con un hombre autoritario no había hecho más que confirmar la creencia en su propia estupidez. Después de comprender lo que había ocurrido, Suzanne empezó a rechazar conscientemente esta ridícula pero largamente sostenida visión de sí misma. Fuimos capaces de reírnos y creer que había estado escondiendo un oscuro secreto, lo cual disminuyó su poder inmediatamente.

En cuanto Suzanne lo reemplazó con una nueva, positiva y poderosa creencia, empezó a confiar más en sí misma. Pronto dejó de tener miedo a cometer errores y a mostrarse más dispuesta a arriesgarse y se dio cuenta de que disfrutaba siendo inteligente y organizada. Se sorprendió de lo fácil y rápido que había sido el cambio y de cómo

HABÍA PODIDO DEJAR ATRÁS LA CREENCIA QUE HABÍA DOMINADO SU VIDA.

Ejercicio

Antes de seguir adelante con tu nueva autoimagen, quiero que realices sólo un ejercicio más. Quiero que te des cuenta y comprendas hasta qué punto tus creencias limitadoras han llegado hasta tan lejos. ¡Después de esto estarás realmente preparado para dejarlas atrás!

Coge papel y lápiz y escribe cinco respuestas a la siguiente declaración:

En mi vida, el coste de mis creencias limitadoras ha sido...

El darte cuenta del coste de tus creencias limitadoras puede desanimarte. Piensa en los trabajos o relaciones que puedes haber perdido, en el entusiasmo y la satisfacción que podrías haber tenido, en las oportunidades que desperdiciaste o de las que ni siquiera te diste cuenta. Pero no pienses de estas decepciones. Estás a punto de ir hacia maravillosas oportunidades, así es que no retrases por más tiempo este momento aleccionador. Es el momento de ir más allá del pasado y empezar a construir tu futuro.

EL NUEVO TÚ

Es el momento de redefinirte según el modo en que quieres verte y ser visto por los demás. Estás a punto de convertirte en alguien que se ha hecho a sí mismo y de rechazar cualquier creencia trasnochada o perjudicial que te hagan sentir en el estercolero. Serás la persona que elijas ser, la persona que te guste y admires y a la que quieras. Eso significa que te vas a convertir en alguien completamente diferente, porque posees muchísimas cualidades que debes preservar. Sólo significa que te estás despojando de todo aquello que no necesitas para crear un tú más fuerte, saludable y exitoso, alguien que posee una vida más fácil y gozosa.

Ejercicio

Escribe las siete cualidades que más admires en otra gente. Fíjate en tus amigos, en la familia o incluso en gente con quien nunca te has encontrado o que te han impresionado en un encuentro. Piensa en los atributos que te han atraído y han hecho que te gustaran.

Ahora piensa en ti mismo y en aquellas cualidades por las que más te gustaría ser conocido. Imagínate que fueras el tema de conversación de una cena. ¿Qué te gustaría que la gente estuviera diciendo sobre ti?

¿Te gustaría, por ejemplo, ser mencionado como una persona sin dobleces que trata a todo el mundo con elegancia? ¿Cómo alguien alegre y con quien dé gusto estar? ¿O como alguien que tiene una sorprendente presencia, con el secreto de estar en el lugar adecuado en el momento adecuado?

Tu declaración oficial

Coge papel y bolígrafo y completa las siguientes declaraciones:

1. *La persona que estoy eligiendo ser a partir de hoy es alguien...*
2. *Las cualidades que más deseo enfatizar y disfrutar en mí mismo son...*

Una vez hayas terminado, añade debajo la siguiente declaración:

3. *De hoy en adelante, estoy dispuesto a darle a mi vida esta nueva imagen de mí mismo. Me comprometo con esas cualidades hasta que estén profundamente integradas como parte de quien soy y de cómo quiero ser visto.*

Firma la declaración y ponle fecha y colócala en un lugar donde puedas verla a menudo.

Ésta es tu propia y personal misión oficial. A partir de ahora, tu conducta, tus elecciones y decisiones cumplirán siempre con esta descripción de ti. Cuando te enfrentes a una decisión o a una elección, pregúntate: «¿Cuál es la respuesta de la persona que soy ahora?».

Insuflándote vida al nuevo tú

Como has elegido las cualidades que deseas tener, sabes cómo quieres ser percibido por los otros y cómo te quieres sentir sobre ti mismo. El siguiente paso es convertir en familiares y confortables tus nuevos atributos para que formen parte de ti al haber reemplazado las viejas características que has desechado.

La realización del cambio y el aprender a mirarte a ti mismo es simplemente una cuestión de aprendizaje de nuevos hábitos. Y con los nuevos hábitos, la manera como formarán parte de tu vida consistirá en reforzarlos y practicarlos. Y hay técnicas muy simples que te ayudarán a hacer esto.

Perfecciona tu diálogo interior

Tu subconsciente ha sido programado con el éxito a través de mensajes y simples y repetidas instrucciones de quienes te rodean. Como resultado, se han creado ciertas creencias. A fin de reemplazar las viejas creencias por unas nuevas, debes hacer lo mismo; en otras palabras, reprogramar. Es el momento de que elijas instrucciones y mensajes y se los proporciones a tu subconsciente.

El modo de hacerlo es a través de simples y repetidas declaraciones. Por ejemplo, si te has contemplado a ti mismo como alguien naturalmente gordo y que será siempre gordo, debes intentar declaraciones como la siguiente:

Es natural para mí ser delgado, así es que voy a ir hacia mi peso natural. Elijo comer pocas calorías, comidas nutritivas, respeto a mi cuerpo y sólo le doy lo mejor.

Estas declaraciones positivas son denominadas afirmaciones y frecuentemente repetidas crean nuevos y poderosos mensajes que absorbe tu subconsciente. Proporciónate estos mensajes tan a menudo como puedas, docenas incluso cientos de veces al día, porque se corresponde con los pensamientos negativos u opuestos que tienes a menudo. Escribe tus afirmaciones y cuélgalas de un lugar donde las puedas ver; cuando puedas, dilas en voz baja; mírate al espejo y repítetelas.

En este estadio no importa si te crees o no. Recuerda que estás creando nuevas creencias, así es que pospón tus dudas y sé completamente disciplinado y piensa sólo en los pensamientos de mejor cualidad. Como dice el brillante conferenciante sobre motivación Wayne Dyer: «Eres lo que piensas durante todo el día».

Aquí tienes algunas afirmaciones. Puedes utilizar una de ellas o todas, o crear las tuyas.

- *Me gusto a mí mismo.*
- *Me responsabilizo de que mi vida funcione.*
- *Mi futuro está lleno de interesantes sorpresas y oportunidades maravillosas.*
- *Soy suficientemente bueno.*
- *Sé que merezco tener más diversión, dinero y éxito.*
- *Me apruebo completamente, incluso en presencia de otros.*
- *Ahora elijo gustarme y confiar en mí mismo y tratarme con sumo respeto.*

Perfecciona tu diálogo exterior

Quien dices que eres viene confirmado por el modo como hablas de ti. Así que resulta imprescindible que abandones inmediatamente modos de disculpa, despectivos y denigrantes de hablar sobre ti mismo. Se trata de la manera más común de ponerte zancadillas e interrumpir la creación de una nueva autoimagen. Cuando hablo con mis clientes, siempre les corrijo este aspecto, porque el único propósito al que sirve este tipo de comentarios es enlentecer y poner obstáculos en su camino.

El tipo de frases en los que estoy pensando incluye:

- *Créeme, estaba equivocado.*
- *Será demasiado tarde para tener suerte.*
- *Sólo soy un...*
- *Me hubiese gustado, pero no tuve oportunidad.*
- *No soy bueno en este tipo de asuntos.*

- *Nunca gano nada.*
- *Tengo una memoria selectiva.*
- *Nunca me salen las cuentas.*
- *Me gustaría poder arreglármelas.*

Estoy segura de que puedes añadir a la lista tus propias frases. Permanece atento, en especial a la exposición «lo siento», que concentra enorme cantidad de hablar disculpatorio. Prométeme y prométete que vas a desprenderte de este hablar despreciativo sobre ti mismo ahora.

Este tipo de habla no es inofensivo ni insignificante. Se trata de un método altamente efectivo de reforzar modos destructivos de pensar y mirarte a ti mismo. La manera de hablar te define y si hablas así, la gente verá de inmediato que tienes una débil opinión de ti mismo. Así es que erradica este tipo de comentarios y reemplázalos con declaraciones firmes y seguras que indiquen que te gustas y confías en ti mismo.

Observa y siente tu éxito

Las técnicas de visualización han sido utilizadas a lo largo de los siglos como poderosos medios de entrenamiento de la mente humana y es un maravilloso instrumento a utilizar para provocar el cambio. Visualización significa literalmente «ver» con el ojo de la mente la escena que quieres crear. Para reforzar tu nueva conducta y el nuevo yo, crea imágenes para ti mismo de acontecimientos que quieres provocar.

¿Cuántas veces has oído a la gente decir cosas como: «no puedo imaginarlo», «no puedo verme haciendo esto» y «no puedo visualizar este escenario»?

Hablar de este modo es cerrarse a la posibilidad de que este escenario pueda convertirse en realidad. Es vital prever regularmente los escenarios que quieres, en particular a primera hora de la mañana y a última de la noche. Antes de dormir y por la mañana, imagínate los acontecimientos del día y contémplate moviéndote sin esfuerzo y con éxito a lo largo del día. Mira a la gente respondiendo exactamente del modo en que desearías. Siente la atmósfera, escucha y huele lo que está a tu alrededor. Se trata de un modo notable y poderoso de prepararte para el éxito. Se trata de un refrán que funciona: «Si puedes soñarlo, es que puedes creerlo y si puedes creerlo es que puedes conseguirlo».

HISTORIA DE ALICE

RECIENTEMENTE ALICE SE HA MUDADO DE NUEVA YORK A UN EXCLUSIVO PUEBLO DE HAMPSHIRE (ESTADOS UNIDOS). ELLA VIVÍA SEGÚN LA MODERNA FERIA DE LAS VANIDADES EN QUE TODO SE REDUCÍA A SER INVITADA A CENAS Y FIESTAS. A ALICE LA INTIMIDABAN EL ESNOBISMO Y LOS CHISMORREOS, PERO NO ESTABA DISPUESTA A QUEDARSE EN CASA. ASÍ QUE SE PROPUSO RELACIONARSE CON LA ESPERANZA DE ENCONTRARSE CON GENTE COMO ELLA.

VINO A MÍ UNA SEMANA ANTES DEL BAILE DE LA TEMPORADA, CON LA DETERMINACIÓN DE ASISTIR Y DIVERTIRSE. ME PIDIÓ QUE LA AYUDARA A IMPRESIONAR. QUERÍA SER CAPAZ DE PASAR POR LA PUERTA GRANDE Y QUE TODAS LAS CABEZAS SE GIRARAN CUANDO ENTRASE EN EL SALÓN.

LE PREGUNTÉ A ALICE POR QUÉ QUERÍA ESTO Y EMPEZAMOS A SONDEAR UN POCO MÁS PROFUNDAMENTE PARA VER LO QUE QUERÍA DE LA VELADA. ALICE SE DIO CUENTA DE QUE REALMENTE LO QUE QUERÍA ERA SENTIRSE RELAJADA, COMPLETAMENTE SEGURA DE SÍ MISMA Y CÓMODA EN SOCIEDAD.

LE PEDÍ A ALICE QUE CERRASE LOS OJOS Y SE IMAGINASE A SÍ MISMA MOVIÉNDOSE DURANTE LA VELADA, SIN ESFORZARSE, CONVERSANDO, ACERCÁNDOSE CON RAPIDEZ A LA GENTE Y ALEJÁNDOSE AMABLEMENTE DE QUIEN SE SINTIESE INTIMIDADA, SINTIÉNDOSE MARAVILLOSAMENTE. MENTALMENTE ENSAYAMOS TODOS LOS ASPECTOS DE LA VELADA.

LE SUGERÍ QUE REPITIERA EL ESCENARIO PARA SÍ MISMA ALGUNAS VECES MÁS ANTES DEL ENCUENTRO, LO QUE HIZO. TAL COMO ESPERABA, TODO FUE TAL Y COMO ALICE LO HABÍA PLANIFICADO E IMAGINADO. ME LLAMÓ PARA DECIRME QUE SE HABÍA RELAJADO, SE HABÍA SENTIDO A GUSTO CONSIGO MISMA Y CAPAZ DE ENCONTRAR A GENTE INTERESANTE Y HABÍA CONSEGUIDO EVITAR SENTIRSE DEBILITADA POR LOS OTROS.

Interpreta la obra

Una manera simple y brillante de reforzar tu nueva imagen consiste en representar la obra de la persona que quieres ser. Al hacerlo, enseguida te darás cuenta de los resultados.

Lo único que tienes que hacer es adoptar conscientemente la autoimagen que has elegido y comportarte como si ya fueses esa persona. Es lo que hacen todo el tiempo los actores. Daniel Day Lewis se tomó tan en serio su papel que para representar a Danny en la película *El boxeador* estuvo entrenándose como lo hubiese hecho un campeón de los pesos pluma. *En el nombre del padre* para representar el prisionero torturado Gerard Conlon, se pasó días sin comer y se tiró encima cubos de agua fría.

No estoy sugiriendo que llegues a estos extremos, pero la cuestión es que cuando te metes en un papel, éste se convierte en real. Te convences a ti mismo de que eres esa persona y haciendo de ella, te conviertes en esa persona.

Puedes comprobar la verdad de lo que te digo sonriendo la próxima vez que veas a alguien, tanto si te sientes alegre como si no. Lo que conseguirás, tanto fisiológicamente, en tu propio cuerpo, como en el de la otra persona, es que inmediatamente te sentirás más jovial.

Historia de Anthony

Anthony estaba especialmente ansioso por no dejar entrever sus nervios en la cita que había acordado con una nueva chica. Estaba llegando a tal estado que empezaba a tenerle pavor a la velada en lugar de desearla.

Sólo costó unos minutos darle la vuelta al asunto y hacer que se sintiera excitado y optimista. ¿Cómo lo hicimos? Simplemente le pedí a Anthony que definiera quién necesitaba ser para relajarse y disfrutar de la velada. Anthony decidió que necesitaría ser alguien que se sintiera completamente a gusto consigo mismo, alguien que se gustase a sí mismo, que sonriese a menudo, que disfrutase de la compañía de otra gente y que tuviese un interés genuino por los otros, alguien con facilidad para las nuevas situa-

CIONES Y QUE TUVIESE TRUCOS PARA CONECTAR CON LA GENTE INMEDIATAMENTE. TODO LO QUE ANTHONY TUVO QUE HACER FUE IR A SU CITA COMO SI FUESE ESA PERSONA. ¿EL RESULTADO? FUE SINTIÉNDOSE RELAJADO Y ESPONTÁNEO Y PASÓ UNA MAGNÍFICA VELADA.

TU MISIÓN

A partir de ahora quiero que insufles vida a esta nueva y elevada autoimagen que has elegido. Quiero que utilices las técnicas y los instrumentos que he esbozado en este capítulo y que controles tus hábitos mentales y tu conducta. Apóyate a ti mismo cien por cien. Sé el mejor que puedes ser, siempre. El eslogan de la Marina Real es: «*Puedes ir despacio, pero no puedes parar». Cuando titubees, empieza de nuevo, con más fuerza y determinación que antes. No te desanimes, porque mereces ser el mejor.*

Así es que sueña, cree y actúa. Estás en el camino.

Y RECUERDA...

Cuando crees en ti mismo todo es posible.

Cualquier creencia que te paralice debe descartarse.

Hasta que no te veas a ti mismo como alguien con éxito nadie te verá así.

Elige verte como una persona feliz, con éxito, talento y suerte.

Actúa, habla y compórtate como la persona que quieres ser y te convertirás en esta persona.

3

Cómo dar rienda suelta a tu potencial personal: haz que brille la confianza en ti mismo y construye una personalidad magnética

Para una vida de éxito, son vitales altos niveles de valoración y confianza en uno mismo. Son los ladrillos con que construirás el núcleo de la creencia en ti mismo. Gran confianza en ellos mismos, seguridad y recursos internos es lo que separa a los maestros de las masas, a los seres humanos excepcionales del montón y a los líderes carismáticos de sus seguidores.

En el mundo actual tu seguridad procede de ser un maestro. La maestría se enraíza en una confianza indestructible, que a su vez proporciona serenidad, seguridad, autoaceptación y un profundo sentido de comodidad y tranquilidad contigo mismo, que resulta interesante, irresistible y convincente para los demás.

En este capítulo quiero definir la autoestima, observar por qué es a menudo tan baja en tantos individuos y enseñarte lo que puedes hacer para generar y mantener una profunda y enraizada consideración y autoestima. Todo lo que atraes en tu vida es un reflejo de lo que sientes y mereces; vales lo que sientes y lo que valoras de ti mismo en todos los ámbitos de tu vida. Las oportunidades, la gente, las rupturas y la suerte que atraes son el resultado directo de los mensajes que envías. Las circunstancias de tu vida —personales, profesionales y sociales— te hablan de cómo te valoras a ti mismo.

¿Qué es la autoestima y de dónde procede? Mi definición es simple: *autoestima es el grado en que te gustas a ti mismo.*

Todos nacemos con un elevado nivel de autoestima; es algo inherente a la naturaleza del ser humano. A pesar de ello, de algún modo, en el camino hacia la adultez, muchos de nosotros la agotamos y dejamos sus reservas severamente reducidas. Cuando esto ocurre, y dado que necesitamos sentirnos a gusto con nosotros mismos y sentirnos valiosos y valorados, buscamos la autoestima fuera y esperamos que nos la proporcionen.

Y aquí es donde nos equivocamos, porque la verdadera autoestima sólo puede ser autogenerada. No puede ser conferida por nadie ni por nada. No está determinada por la aprobación de los demás, el estatus económico o el éxito cultural. La verdadera autoestima es un sentido de serenidad interior que te proporciona completa libertad. Cuando la tienes, las elecciones vitales surgen de deseos y talentos genuinos más que de la necesidad de lograr o impresionar.

La vida actual ofrece poca seguridad o certidumbres externas, así es que resulta más vital que nunca que encuentres seguridad desde dentro. Y ésta es la ruta que te impulso a seguir a partir de este momento. Te haré un esbozo de los pasos que debes seguir a fin de tener una extraordinariamente alta autoestima, lo cual te proporcionará sensación interior de paz y serenidad y te llevará por la vida sin dificultad. Elige trabajar, haz los cambios y ve a por una autoestima y te alentaré a lo largo del cambio.

Una conversación entre dos amigos que oí hace poco ilustra perfectamente la diferencia entre una persona con alta autoestima y otra sin ella.

Hilary se estaba lamentando del hecho de que, al borde de los treinta años, nunca había recibido proposiciones de matrimonio, mientras que su amiga Janice había recibido y rechazado un montón. Yo conocía a las dos mujeres y para mí no era ningún misterio todo lo que estaba ocurriendo. Algo bastante simple; Janice es alguien que se valora a sí misma y que se ve a sí misma como alguien que posee y consigue valoración. Sólo aceptará al mejor de todos, al hombre más conveniente. Es fácil observar que Janice se siente bien consigo misma; su apariencia siempre es fabulosa y cuida maravillosamente bien de sí misma: come la mejor comida, hace ejercicio regularmente y recibe tratamientos de belleza. Janice se siente orgullosa de su apariencia y también de sí misma. Se coloca en un pedestal y todo el mundo sigue su estela, especialmente los hombres, a quienes atrae.

Por otro lado, Hilary ha tenido un caudal de relaciones decepcionantes. Se queja de hacer elecciones equivocadas en relación con los chicos y se muestra llena de gratitud por tener un novio. Los hombres enseguida se dan cuenta de esto y la tratan con muy poca cortesía. Su apariencia personal también transmite el mensaje de que no se ve a sí misma como algo prioritario. El problema de Hilary no son los novios, sino el mensaje que les da de cómo se trata a sí misma. El mismo hombre podría parecer dos personas diferentes en relación con Hilary y en relación con Janice.

LOS ORÍGENES DE LA BAJA AUTOESTIMA

Mi experiencia de años de trabajo con clientes es que muy poca gente goza de un alto nivel de serenidad y comodidad personal. Por el contrario, en la mayoría de los casos he comprobado que mucha gente no se quiere demasiado a sí misma.

Y este estado de disgusto con uno mismo empieza a menudo muy pronto. Hace poco tuve una conversación con Alastair, un niño de nueve años, amigo de mi hijo. Alastair estaba convencido de que no gustaba a Jamie y de que tampoco gustaba a la mayoría de sus compañeros de clase.

Yo le contesté: «Pero Alastair, ¿lo importante aquí no es que te gustes a ti mismo?».

Sin vacilación, replicó enfáticamente: «No, definitivamente no». Y me quedé completamente atónita y muy entristecida de cómo, a los ocho años, Alastair se sentía tan a disgusto consigo mismo.

Alastair estaba diciendo exactamente lo mismo que dicen un sinfín de hombres y mujeres con los que he hablado a lo largo de los años. Él simplemente decía las cosas con más claridad y sencillez que los adultos, quienes probablemente nunca se habían preguntado a sí mismos si realmente se gustaban.

Esta falta de fundamental de autoconsideración y autorrespeto se abre camino en todas las clases sociales y educacionales, minando incluso a las personas aparentemente de más éxito y confiadas. Los síntomas de baja autoestima están muy extendidos. Entre los más extremos se hallan los desórdenes en la comida. La paciente más famosa fue la princesa de Gales, Diana, quien atrajo la atención de todo el mundo hacía el problema «invisible» de la bulimia y explicó brillantemente el vínculo entre la baja autoestima y los desórdenes de la comida.

Mujeres, hombres e incluso niños de hasta cinco años están afectados por estos desórdenes, en número cada vez mayor. Y el problema se está agravando a causa del papel cultural representado por los modelos de mujeres muy delgadas ofrecidos por los medios de comunicación. Continuamente se nos dice que sólo los individuos con un tipo de cuerpo específico pueden ser bellos, y no hay variación en este tema. Hay muy pocos modelos alternativos y alcanzables de salud y belleza.

A los altamente impresionables niños, especialmente niñas, se les ofrece como modelos delgadas estrellas del pop y se les dice que ésa es la gente que ha hecho y tiene una vida glamorosa y excitante. Las adolescentes son presionadas a ver la forma del cuerpo como la vía para valorarse y ser valoradas. El resultado es que la mitad de las niñas entre quince y dieciséis años no son felices con su peso y una de cada cuatro está siguiendo dieta. Una de cada tres niñas de quince años ha empezado a fumar, un hábito que siempre está asociado con una baja autoestima, mientras que el consumo de alcohol, otro hábito relacionado con la baja autoestima, es más alto en la chicas entre dieciocho y veinticuatro años que en ningún otro grupo de edad. Otro relativamente nuevo desorden relacionado con la baja autoestima es la llamada «alteración de la imagen del cuerpo», en alarmante crecimiento. Quienes lo sufren se ven a sí mismos como terriblemente feos y anormales y a menudo se recluyen en sus casas para evitar ser vistos. Sólo en Gran Bretaña se estima que actualmente hay unas seiscientas mil personas que sufren este desorden, pero la cifra real puede ser superior.

En la cultura occidental y en la enseñanza cristiana, en muchos casos, los padres nos enseñaron de niños que pensar adecuadamente y sentirse a gusto con uno mismo es vanidad, autosuficiencia y algo malo. Nos animaron a desarrollar cualidades de humildad y docilidad a fin de ser buenas personas. Incluso aquellos de nosotros en los que nuestras familias no fueron activamente religiosas recibimos estos mensajes a través de nuestra cultura. Los británicos se caracterizan por su torpe encanto, su modestia, su timidez, su falta de habilidad para recibir halagos o credibilidad sobre sus logros. Los personajes representados por Hugh Grant en películas como *Nueve meses*, *Cuatro bodas* y *un funeral* y *Notting Hill* demuestran esto a la perfección.

La actitud americana —en la que todo el mundo tiene derecho al éxito y a sentirse orgulloso de él y donde la automotivación, determinación y la ambición son algo valioso— es muy diferente de la británica.

Muchos de nosotros hemos sido entrenados a poner los deseos y necesidades de los otros por encima de los nuestros y a vernos a nosotros mismos como menos importantes que los otros. Nos enseñaron que el modo para conseguir amor y aprobación pasaba por colocar las necesidades de otros primero y por ser modesto y autocrítico en todo momento. Las mujeres, en particular, todavía están condicionadas a ser las que cuidan y se adaptan a las necesidades de otros.

Piensa en las expresiones que confirman esta actitud: «Deja de darte autobombo», «No seas tan presuntuoso», «No cabes en ti mismo», «Estás demasiado lleno de ti mismo», «La autoalabanza no es una abalanza». La lista sigue y sigue.

Por supuesto, muchos de nosotros nos estamos asegurando de que las cosas sean diferentes para los niños de hoy. El estilo de mi maternidad con Jamie es muy diferente del de la generación de mi madre. Aprovechando cualquier oportunidad para animarlo a que esté orgulloso de sí mismo y a que se vea como alguien intrínsicamente brillante y especial, y a que crea que puede realizar cualquier cosa que se proponga. Ha seguido una dieta llena de apreciación, montones de contactos físicos y constantes elogios y amor.

De bebé siempre recibió comentarios de admiración sobre sus ojos azules y su graciosa cara, lo cual me satisfacía enormemente. Estaba muy orgullosa de él y siempre me mostraba de acuerdo con cualquiera que lo halagara. Mis amigos se sorprendían de mi franco entusiasmo y me animaban a estar agradecida y, en su lugar, sonreír con cierta reserva. Sugerían que podía estropearlo si lo abrazaba demasiado o hacer de él un cabezota por el exceso de elogios y ánimos. Esto era justo lo que en generaciones anteriores se decía sobre el tipo de crianza destinada a estropear a un niño o convertirlo en un monstruo.

A sus nueve años, Jamie es todavía uno de los seres humanos más amables y cariñosos que se pueden encontrar. Lo he visto entregar su preciado monedero a un mendigo y se muestra sorprendentemente atento a las necesidades y cualidades de los otros. La postura era, y todavía es a menudo, que si se anima a los niños a pensar en sí mismos como seres especiales, al crecer se convertirán en adultos intolerantes, vanidosos, autosuficientes y arrogantes, y se verán a sí mismos como superiores y a los otros como menos dignos.

La verdad es que sólo cuando de niños hemos recibido mucho reconocimiento, amor, generosidad y nos han enseñado a apreciarnos a nosotros mismos, somos libres de proporcionar el mismo reconocimiento, amor y generosidad a otros. La gente que ha crecido sintiéndose bien consigo misma es más feliz y agradable, y tiene más éxito. Es así de simple.

Ejercicio

Por favor, realiza este ejercicio sin parar y sin decaer. Las respuestas no están escondidas o lejos; tú las conoces sin tener ni que pensarlas. Sólo deja que se inserten en el papel, ahora. Dalas brevemente y no tengas miedo de repetir alguna de ellas.
Responde a las siguientes preguntas:

1. *¿Cómo puntúo mi autoestima ahora (en una escuela entre 0 y 100)?*
2. *Si mi puntuación es menos de 100, se debe a:*
3. *¿Qué es lo que me impide apreciarme más?*
4. *¿De qué tres maneras me paralizo para no apreciarme lo suficiente?*
5. *¿Qué tres cosas puedo hacer para ser apreciado por otros y sentirme apreciable?*
6. *¿Qué tres cosas de mi vida mejoraría?*
7. *¿Por qué tres cosas me quejo o estoy resentido?*
8. *¿Por qué tres cosas no me perdono?*
9. *¿De qué tres modos me castigo a mí mismo?*

> Por ejemplo, yo me di cuenta de que estaba siendo tolerante con una amiga que siempre llegaba tarde mientras la esperaba. Le expliqué que ella me importaba mucho, pero que mi tiempo era precioso y no quería gastarlo esperándola. Después de esto, siempre llegó a la hora. Me echaba la culpa de haber herido a mis padres durante la adolescencia, así es que decidí perdonarme a mí misma por ello y me sentí mucho mejor al dejar correr el asunto.

Las respuestas que des te proporcionarán un buen informe del estado de tu autoestima en la actualidad. Ahora, mi prioridad, y la tuya, es mejorar la opinión sobre ti mismo a fin de que te aprecies más y te observes bajo la mejor de las luces posible.

EL FACTOR «SENTIRSE BIEN»

El estado en el que te aprecias de forma genuina y estás profundamente bien y con facilidad contigo mismo y eres capaz de generar optimismo y entusiasmo por la vida contiene lo que llamo «factor sentirse bien». Todos nosotros estamos pendientes de este factor y muchos lo buscamos fuera de nosotros. La necesidad de él nos corroe y aunque podemos ser compensados con cumplidos, aumentos de sueldo, un coche nuevo o una novia o un novio de bandera, estas cosas sólo nos proporcionan satisfacción temporal. Hasta que no pienses realmente sobre tu vida en este contexto, no te darás cuenta de hasta qué punto estás dirigido por esta necesidad.

Sin este factor que rezuma gente como Janice (*véase* pág. 48), irás por la vida sin el apoyo del más constante aliado, potencial y siempre presente, que nunca habrás tenido… tú. Todos venimos solos al mundo y nos vamos también solos. Así es que en algún momento debería tener sentido sentirnos bien con nosotros mismos. Haciendo las paces contigo, sintiéndote a gusto en tu propia piel, según tu modo de ver, mostrándote amigable contigo mismo y apoyándote al cien por cien a través de la vida, es la última y única ruta para alcanzar la seguridad interna y el optimismo externo.

Ejercicio

Pregúntate ahora mismo lo siguiente:

1. *¿Cuándo me apoyo a mí mismo en la vida (en una escala del 0 al 100)?*
2. *Si tu puntuación es menos de 100, pregúntate por qué.*

El factor «sentirse bien» es como un cinturón de seguridad que te permite perseguir tus deseos, aceptar riesgos y llevar el tipo de vida que quieres llevar en lugar de la vida que yo o cualquier otro cree que debes llevar. Sin este cinturón de seguridad siempre estarás buscando seguridad y estatus, aprobación y respeto.

Tu factor «sentirte bien» no tiene nada que ver con la arrogancia o aislamiento. Por el contrario, aceptar la responsabilidad de tu propia felicidad o realizar los pasos necesarios para crear la vida que quieres es una muestra de madurez y generosidad. El aumento de tus niveles de autoestima y felicidad no es ser egoísta ni indulgente y tendrá un real efecto positivo en todos aquellos que estén a tu alrededor. Es la gente infeliz y con baja autoestima la que tiende a ser egoísta y la que puede estar socialmente aislada, perturbada o ser hostil. La gente feliz, por el contrario, suele ser por lo general más sociable, flexible y creativa y más capaz de tolerar las frustraciones de la vida. También es más amorosa y condescendiente consigo misma.

Existe un sentido de la afinidad y buena voluntad hacia otros que sólo aparece cuando hemos tomado las riendas sobre nosotros mismos y aceptamos la responsabilidad de generar nuestra propia felicidad. La generosidad de espíritu fluye de una eterna primavera de autoaceptación, autorespeto y confort personal. Generosidad y «grandeza» de carácter sólo pueden florecer cuando somos capaces de proveernos a nosotros mismos y estamos tan llenos que podemos compartir.

Afortunadamente, podemos influir enormemente en este factor «sentirse bien». Nunca es demasiado tarde para reeducarte y empezar a construir nuevos niveles de autoestima y autoaprobación, y yo voy a conducirte por los pasos que te elevarán hacia una óptima autoestima y una resplandeciente confianza en ti mismo.

Ejercicio

Tómate unos minutos antes de responder a la siguiente pregunta:

1. *¿Cómo cambiaría mi vida si realmente creyese en mí mismo?*

Historia de Andrew

Andrew vino a mí después de tres años como gerente de una gran compañía. Admitía que nunca se había sentido a gusto con su promoción y que trabajaba en exceso a fin de compensar su imagen de incompetencia en un intento de convencer a su jefe y colegas de sus habilidades.

Andrew se sentía como un impostor, esperando que alguien descubriera que no había mejorado el trabajo. También se daba cuenta de que dominaba las reuniones y sentía que siempre tenía algo gracioso e interesante; estaba obligado a tener todas las respuestas y, por supuesto, la última palabra.

Todo ello se estaba convirtiendo en una presión intolerable. El enorme estrés al que se estaba sometiendo hizo estragos en su estómago hasta que desarrolló el síndrome de colon irritable. También había ganado peso al comer más de lo necesario y descuidar el ejercicio rutinario.

Una vez que hube identificado lo que impulsaba a Andrew –su miedo al fracaso y su necesidad de gustar a los demás–, éste fue capaz de ir hacia atrás y empezar a relajarse a fin de ser la persona inmensamente capaz que realmente era. La única persona que no había visto semejante habilidad era él mismo.

Trabajamos para sustituir los pensamientos tortuosos con nuevos y específicos pensamientos y creencias y le pedí que vigilara y estuviera alerta a todos los signos procedentes de relatos familiares en relación con esa vieja conducta que intentaran reaparecer. Para Andrew la clave fue la conciencia. Una vez hubo comprendido que su necesidad estaba en la raíz del problema, para ambos

FUE BASTANTE SIMPLE LA OBSERVACIÓN DE SU CONDUCTA Y EL MANTENERLO AVANZADO.

UNA SEMANA DESPUÉS DE NUESTRA PRIMERA CONSULTA, HABÍA CAMBIADO NOTABLEMENTE SU CALENDARIO DE TRABAJO Y HABÍA EMPEZADO A COMPORTARSE COMO ALGUIEN QUE NO TIENE NADA QUE PROBAR Y QUE SE SIENTE COMPLETAMENTE A GUSTO CONSIGO MISMO. ERA CAPAZ DE SALIR DEL TRABAJO A HORAS MÁS RAZONABLES Y VOLVIÓ A CORRER Y AL GIMNASIO. AL CABO DE DOS MESES HABÍA PERDIDO PESO, PUDO DEJAR LA MEDICACIÓN Y ERA UN HOMBRE MÁS ALEGRE Y CONFIADO.

TU MOMENTO DE AUMENTO DE LA AUTOESTIMA

Voy a ofrecerte un plan de acción que en incontables ocasiones he utilizado para mí misma. Sigue estos tres pasos y observa cómo aumenta tu autoestima:

PRIMER PASO: RESPÉTATE A TI MISMO

Quiero que pienses profundamente sobre tu religión y tu observancia y creencias espirituales. Una religión que te condena a ser un pecador indigno y que te pide que pases el resto de tu vida expiando tus pecados no constituye el telón de fondo ideal para hacerte sentir bien como ser humano. Aunque no hayas crecido en una familia religiosa, las ideas que sostienen muchas religiones penetran en nuestra cultura y tienden a filtrarse en nuestra piel. No te estoy impulsando a que abandones tu religión, sino a que cuestiones aquellos de sus aspectos que hacen que te veas a ti mismo como un ser intrínsicamente malo.

Mucha gente está descubriendo que las religiones organizadas no suplen sus necesidades y las iglesias están experimentado una de las crisis más importantes. En 1999, por ejemplo, el director de un seminario católico irlandés no tuvo absolutamente ningún estudiante. Dos son las cuestiones implicadas aquí: en primer lugar, las religiones cristianas ya no nos proporcionan respuestas satisfactorias a nuestras cuestiones espirituales y morales; en segundo lugar, estamos experimentando la necesidad de crecer con nuestras propias respuestas personales, como parte de un movimiento que conlleva la responsabilidad sobre los valores que sostenemos. La expresión «Sé tú mismo» nunca ha sido tan relevante como hoy.

Las religiones orientales están atrayendo el interés de Occidente. Tanto la filosofía budista como la hinduísta consideran a los seres humanos como intrínsicamente divinos y no comparten la creencia occidental en el auto-odio.

El Dalai Lama quedó muy impresionado cuando oyó hablar de auto-odio y su preponderancia en Occidente en su casa de Dharamasala en 1991. Dijo:

> Aunque pensaba que tenía alguna comprensión de cómo trabaja la mente humana, la idea de odiarse a uno mismo era completamente nueva para mí... y bastante increíble. Desde el punto de vista budista, estar en un estado depresivo, en un estado de desaliento, es visto como un caso límite, como un obstáculo evidente que impide dar los pasos necesarios para cumplir con los propios objetivos. Un estado de auto-odio es más extremo todavía y puede ser muy, muy peligroso. Para quienes se sienten atraídos por la práctica budista, el antídoto para el auto-odio pasaría por reflexionar sobre el hecho de que todos los seres, incluido uno mismo, poseen la fuerza de Buda, la semilla o el potencial de la comprensión y completa iluminación. Así, aquellos que padezcan de auto-odio deberían centrarse más en los aspectos positivos de su existencia tales como la apreciación del inmenso potencial que reside en el interior de uno mismo en tanto que ser humano. Se nos ha dado el don de la humanidad, con esta maravillosa inteligencia humana, y todos los seres humanos tiene la capacidad de ser muy decididos y de dirigir este fuerte sentido de determinación hacia cualquiera de las orientaciones en donde quieran usarlo.

Ésta es una concepción de la vida mucho más animosa e inspiradora. Puedes dejar de arrodillarte y abandonar la expiación y, en lugar de ello, concentrarte en suscitar cualidades positivas como la tolerancia, el respeto y la amabilidad hacia ti mismo y hacia los otros.

Una maravillosa maestra de motivación a quien encontré hace algunos años, Sonda Ray, lo explicaba perfectamente cuando dibujaba la analogía entre Dios y un pastel de cerezas cortado en pedazos. Cada uno de nosotros es un pedazo, es decir, todos somos parte de Dios y tenemos divinidad en nuestro interior.

¿Por qué no hacer un altar para ti mismo? Busca una fotografía de cuando tenías cuatro años en la que aparecías dulce e inocente, enmárcala y colócala en algún lugar de tu habitación junto con flores frescas, incienso, una vela y la imagen de algún maestro espiritual como Jesús o Buda. Ésta es la forma de recordarte que tienes que honrarte a ti mismo. ¿Cómo puedes dejar de apreciarte en tanto que ser divino guiado por sencillos principales morales? Seguro que mereces lo mejor y tienes la responsabilidad de honrarte a ti mismo y cuidar de ti mismo en mente, cuerpo y espíritu, no tiene ningún sentido que te faltes al respeto con hábitos tales como el exceso de comida, el alcoholismo o el tabaco. Tampoco permitas que otros te falten el respeto.

Ejercicio

Responde a las siguientes preguntas:

1. *¿Qué es lo que hago o tolero en mi vida que degrada mi divinidad?*
2. *¿A qué estoy esperando para disminuir o eliminar esto de mi vida?*
3. *¿Hay gente en mi vida de quien me tengo que alejar?*
4. *¿Qué es lo que necesitaría hacer para fijar nuevos niveles de autorrespeto y de respeto hacia los otros?*
5. *Si de verdad creyeran que soy intrínsicamente bueno, sentiría...*
6. *Y la mayor diferencia en mi vida sería...*

Con esta información ahora te pido que adoptes decisiones y realices *acciones.* ¿Qué decisiones estás esperando adoptar a la luz de la comprensión que tienes ahora sobre tu propia autoestima? ¿Estás preparado para buscar tiempo para hacer ejercicio regularmente o recibir masajes? ¿Necesitas poner límites a tu trabajo en tu vida personal? La vida gira en torno a las decisiones que tomas, así que toma ahora algunas realmente buenas. Hoy realiza una acción que pruebe tu intención: encuentra la fotografía, el libro de masajes, fija nuevos principios en tu relación amorosa o de amistad.

Repite para ti mismo los siguientes pensamientos positivos: *Ahora elijo tratarme a mí mismo con el máximo respeto. Cuanto más me respete, más me respetarán los otros. Soy un ser humano inocente, amoroso y digno de amor. Merezco lo mejor.*

¡Muestra un serio respeto por ti mismo y goza!

SEGUNDO PASO: SÉ BUENO

¿Cómo sabes que eres bueno? ¿Eres un ser humano grande, generoso, comunicativo? Sólo tú sabes la respuesta. Más y más gente está descubriendo que es buena en sí misma. En los últimos años se ha producido un gran aumento de la generosidad. En número creciente, gente con éxito ha abandonado trabajos muy bien pagados para trabajar para organizaciones benéficas en casa o fuera de casa. Más y más gente están adoptando la decisión de dar tiempo, energía y esfuerzo a los otros.

¿Puedes hacer una lista de diez indicios de tu bondad y grandeza de espíritu ahora mismo? Si tienes problemas para que te salgan con facilidad esos diez, puede que necesites darte más oportunidades para demostrar las cualidades de tolerancia, respeto y amabilidad.

No tienes que dar muchísimo tiempo a una organización benéfica. Puedes simplemente llevar a cabo a diario pequeños actos de amabilidad que no requieren demasiado tiempo extra; sólo pensamientos extras. Cuida de la gente más vulnerable que conozcas: niños y ancianos. Puedes estimular a los niños con palabras bien escogidas y que realmente les causen efecto. Escuchar con interés y preocupación al anciano o la anciana que te encuentras en un autobús puede hacer de ese día algo importante para ellos. Y si decides ofrecer parte de tu tiempo al voluntariado, la recompensa será impagable. Te sentirás genial, verás tus problemas con menos intensidad y más relajado en relación con tus propios problemas.

Ofrecer de este modo, desinteresadamente, lleva consigo el sentimiento único de haber realizado una contribución de un modo que no lo hace el trabajo pagado. Así es que si quieres verte a ti mismo como un ser humano decente, hazlo y sé uno de ellos. Contribuye, haz algo significativo y haz de tu vida algo importante. Ser bueno exige servicio activo.

No es sorprendente que mucha gente rica y famosa dé grandes cantidades de tiempo y energía a proyectos benéficos. Piensa en organizaciones como Live Aid, Comic Relief, The Aids Crisis Trust o en Net Aid. Piensa en lo mucho que dan individuos como Elton John, George Michael, Robbie Williams, Dave Stewart y Annie Lennox. O en Bono y Bob Geldof, que han encabezado conjuntamente una exitosa campaña destinada a cancelar la deuda del tercer mundo. O en Diana, la princesa de Gales, que le dio sentido a su vida a través del increíble trabajo que hizo para los demás.

En algunas ocasiones, si alguno de mis clientes está interesado en darle a su vida más equilibrio y plenitud, le sugiero que el sentido y la satisfacción más profundos pueden encontrarse ofreciendo tiempo y esfuerzo a los demás.

Por otro lado, las cosas pueden ir demasiado lejos. Denise me consultó cuando se dio cuenta de que estaba ofreciendo tanto a las causas dignas que se estaba dejando de lado a sí misma y a su familia. Le pedí que dejara sus obras benéficas durante seis meses y que hiciera de sí misma y de sus hijos la máxima prioridad. No tiene ningún sentido quemarse a uno mismo.

Ejercicio

Anota cinco nuevas acciones que estés dispuesto a realizar para aumentar tu bondad y a continuación realízalas enseguida.

Tercer paso: limpia la pizarra

Una autoestima limpia, brillante e inmaculada exige una conciencia limpia. Los sentimientos de culpabilidad escondidos invaden tu ser y se comen parte de tu autoestima. Si te ves a ti mismo como malo o te sientes culpable, limitarás los sentimientos que merecen ser reservados para las cosas buenas. Si vas a tener autoestima, tú, más que nadie, debes tener una buena opinión sobre ti mismo.

Así es que aprovecha esta oportunidad para desintoxicarte, tener un principio limpio y sácate cualquier mota de polvo y suciedad que merodee a tu alrededor. La limpieza de delitos, malas conciencias y errores del pasado pavimenta el camino hacia el optimismo y la limpidez. Te sentirás más ligero, más limpio y preparado para brillar. Así que haz borrón y cuenta nueva y empieza a limpiar.

Ejercicio

Haz una lista de todas aquellas cosas que hayas hecho en el pasado con las que te sientes a disgusto y después completa las siguientes frases:

1. *Tres cosas por las que no me perdono son...*
2. *Tres cosas de las que me culpo son...*

Ahora, la parte de la limpieza de la pizarra.

Primero: *comprueba la interpretación de los acontecimientos.* ¿Sientes que has hecho algo mal cuando en realidad no ha sido así? ¿Te sientes mal o culpable por algo que no estaba en tus manos cambiar? Puede ser que simplemente necesites ver los acontecimientos desde otra perspectiva, como hizo Alison (*véase* a continuación). En realidad, quizás has estado enfrentándote a una situación difícil. Si es así, confía en tu valentía y determinación.

Segundo: realiza correcciones. Si has decidido que realmente lo has estado haciendo mal, haz algo al respecto. Discúlpate, llama por teléfono, envía un ramo de flores o escribe una carta, aunque la persona implicada esté muerta y ya no pueda recibirla. Y después, saca toda la culpabilidad. Puede ser que pienses que manteniéndote culpable estás absolviéndote a ti mismo, pero no es así. La culpabilidad es la señal de que algo tiene que resolverse, por lo que aferrarse a la señal se convierte en pura indulgencia.

Tercero: *haz algo práctico.* Si en realidad has hecho algún daño, realiza algo tangible para reequilibrar la balanza. Si no puedes modifica la situación original, contribuye con algo que sea lo más relevante posible. Por ejemplo, si robaste dinero y no puedes reponérselo a la persona o a la organización original, da una cantidad equivalente a una causa benéfica. A veces éste es el único modo de avanzar.

Finalmente, utiliza estas afirmaciones:

Ahora estoy preparado para perdonarme por...
Ya no necesito castigarme más por sentirme culpable por...
Me perdono por completo.

Historia de Alison

Alison quería encontrar una buena relación amorosa. Era una persona encantadora y nadie entendía cómo podía tener problemas en este asunto. Pero después de hablar diez minutos sobre ello llegamos al meollo de la cuestión. Alison se había divorciado hacía dieciocho meses y tenía unas cuantas deudas importantes. Su estricto código moral le hacía sentirse fatal al respecto. Se trataba de un gran secreto, malo y escondido, que guardaba bajo llave y trabajaba los siete días de la semana para cancelar la deuda. Si un hombre entraba en su vida podía descubrirlo. Y algo todavía más significativo, Alison no sentía que era merecedora de alegrías. Esto hubiese sido como eludir la situación. Le señalé a Alison lo dura que había sido consigo misma. Se estaba castigando por algo que consideraba terrible y el resultado era que estaba físicamente agotada y siempre en tensión. La invité a que adoptara una interpretación más precisa y útil de su situación. Y ocurrió lo siguiente: Alison era una persona muy valiente que había elegido hacerse cargo de la deuda, lo cual demostraba una gran confianza en sí misma. Lo que hizo fue algo muy honesto. Hubiese sido mucho más fácil declararse en bancarrota y huir, como hace mucha gente. Con esta nueva interpretación, Alison tenía todo el derecho a sentirse orgullosa y a pensar en sí misma como alguien valiente y de recursos.

ALISON SE DIO CUENTA INMEDIATAMENTE DE QUE TENÍA RAZÓN Y SE DIO CUENTA DE DÓNDE SE HABÍA METIDO A SÍ MISMA. NO ERA LA SITUACIÓN, SINO SU INTERPRETACIÓN LO QUE HABÍA CREADO LA CONFUSIÓN. DESPUÉS DE ESTO, ALISON EMPEZÓ A VIVIR OTRA VEZ. DEJÓ DE LADO LAS HORAS EXTRAS E HIZO SABER A SUS PADRES QUE ESTABA EN SITUACIÓN DE IR A CENAR Y A FIESTAS Y CAMBIÓ EL MENSAJE «NO MOLESTAR» QUE ENVIABA A LOS HOMBRES POR EL DE «DISPUESTA A PASARLO BIEN».

TU RECOMPENSA

¡Felicidades! Llevas mucho camino recorrido y todavía sigues conmigo. Pon una sonrisa en tu rostro y date unas palmaditas en la espalda por seguir en el camino. El premio a la aplicación, la confianza y la buena voluntad de desafiarte a ti mismo es el don de la puesta en marcha de la autoconfianza y la personalidad magnética en aumento.

Deja que te explique. Hasta ahora, a través de la realización de tu parte, haciendo los ejercicios y llevando a cabo acciones, has cavado hasta lo más hondo, has sacado los escombros y establecido sólidos cimientos. La imagen de ti mismo estará más definida y tu autoestima, enormemente fortalecida.

Ahora voy a mostrarte cinco pasos sencillos para que, a partir de estos cimientos, construyas una poderosa autoconfianza. La autoconfianza vendrá con facilidad después del trabajo que has realizado hasta ahora. Descansa en la seguridad de una buena autoimagen y una magnífica autoestima. Cuando brillas con confianza, como estás empezando a hacer, inmediatamente te vuelves más atractivo y magnético para los demás. Ya has mostrado que eres capaz de realizar un gran cambio en el modo como te sientes sobre ti mismo y la diferencia se reflejará en la gente y los acontecimientos de tu alrededor.

LOS CINCO PASOS PARA IRRADIAR AUTOCONFIANZA

PRIMER PASO: GÚSTATE A TI MISMO

El ingrediente más importante para la autoconfianza es gustarte a ti mismo. La gente que se gusta a sí misma es alegre y optimista; se siente a gusto consigo misma y con el entorno; parece que siempre tenga suerte y es generosa. ¿Te gustas? ¿Te sientes entusiasta respecto a ti? ¿Estás agradecido por los talentos y las cualidades particulares que tienes? ¿Estás genuinamente agradecido de ser tú? Si es así como te sientes, bien. Si no, realiza el siguiente ejercicio:

Ejercicio

Coge papel y bolígrafo y completa las siguientes afirmaciones:

1. *Diez cosas que me gustan de mí mismo ahora...*
2. *Cinco cosas que me distinguen como alguien único...*
3. *Tres cosas sobre mí mismo de las que no me he dado cuenta...*
4. *Tres cosas sobre mí mismo que me gustaría cambiar...*
5. *La principal razón por la que estoy contento de mí es...*

No te preocupes si te resulta un poco difícil encontrar repuestas suficientes. Estás empezando con una costumbre que te resultará de utilidad el resto de tu vida: la costumbre de apreciarte a ti mismo. Continúa practicándola y pronto se convertirá en automática y la sentirás como natural.

SEGUNDO PASO: ELIGE CON CUIDADO TUS PENSAMIENTOS

Eres la suma total de tus pensamientos. «Un hombre es lo que piensa.» La única diferencia entre un optimista y un pesimista es el enfoque que eligen. A menudo se dice que tenemos noventa mil pensamientos diarios y de ellos, sesenta mil son repetidos; en otras palabras, tenemos los mismos pensamientos una y otra vez.

En cualquier momento eres libre de elegir qué pensamientos quieres mantener y cuáles no. Me he dado cuenta de que la mayoría de mis nuevos clientes consideran los pensamientos terribles y negativos con más seriedad que los optimistas y excitantes. La excusa para esta especie de autotortura es que está siendo más «realista». Para romper esta costumbre es necesario cambiar la dirección, estar en guardia contra los pensamientos imprudentes que te dañarán y elegir aquellos pensamientos que te darán apoyo y valor.

Cuando te sientas en baja forma, desalentado o pesimista, cambia la dirección de tus pensamientos inmediatamente. Es bastante simple. Sólo di *no* a aquellos pensamientos que han creado tus sentimientos de abatimiento y elige los nuevos pensamientos que crearán un sentimiento de optimismo y alegría.

En el capítulo anterior ya he hablado sobre las afirmaciones. Estas declaraciones positivas constituyen un modo positivo y efectivo de cambiar tu pensamiento. La afirmación correcta debe dejarte un sentimiento de buen ánimo y entusiasmo. Las afirmaciones siempre deben estar en un tiempo presente y ser verbalizadas como si ya se hubiese dado el caso. Por ejemplo, si quieres un nuevo trabajo, la afirmación debería ser: «Ya tengo mi trabajo ideal». Repite la afirmación tan a menudo como puedas —a ser posible muchas veces al día— a fin de que pensar de modo positivo se convierta en un hábito.

Paso tres: observa a gente segura de sí misma

Una buena manera de conseguir lo que quieres en la vida es averiguar cómo lo han conseguido otros y hacer las mismas cosas. Estate atento a gente que deslumbre por la seguridad que tiene en sí misma y fíjate en sus características. Escucha su modo de hablar y observa cómo se comporta. Hay dos tipos de personas seguras de sí mismas. Aquellas que tienen seguridad innata y aquellas que en algún momento han decidido tenerla y han trabajado para conseguirla.

Los dos tipos son fascinantes. Así es que búscalas, escúchalas, aprende de ellas y cópialas. Fíjate en las cosas que hacen que causen impresión y trata de hacerlas.

Paso cuatro: elige tus influencias

No puedes evitar estar expuesto a todo tipo de influencias y opiniones exteriores, procedentes de amigos, familiares, periódicos, programas de televisión, políticos, líderes religiosos y otro tipo de fuentes de opinión e información. Las noticias que seleccionamos pueden representar una imagen del mundo implacablemente inhóspita. Hace una par de años, el locutor británico Martín Lewis señaló esto y propuso una selección de noticias para la televisión más equilibrada.

Aquí lo importante es ser consciente de qué cosas te influyen y elegir las influencias que eliges. Deja fluir tu mente hacia los pensamientos e ideas más inspiradoras y animosas que puedes encontrar. Lee biografías de gente de pensamiento excepcional, escucha grabaciones inspiradoras y empieza a olvidarte y filtra los puntos de vista pesimistas y negativos con los que te tropieces. Desarrolla inmunidad hacia el pesimismo para no absorberlo y asegúrate de que cada día dedicas, al menos treinta minutos, a leer o escuchar algo animoso.

Paso cinco: evita comparaciones

El modo más rápido de menguar tu bien ganada seguridad en ti mismo pasa por compararte con gente inapropiada. En menos de un segundo puede pincharse el aprecio que tienes, lo que es un terrible desperdicio de tiempo y significa que tendrás que trabajar para reconstruirlo. No coloques a otra gente en un pedestal. Puedes pensar que cualquier otro tiene una vida perfecta, pero el caso es que sabes poco de esta persona y no sabes si realmente es feliz. Y compararte de forma negativa a ella es simplemente un modo de ponerte zancadillas a ti mismo.

Si quieres compararte a alguien, elige una comparación que te proporcione sentimientos de bienestar hacia ti mismo. Recuerda que hay mucha gente que estaría encantada de cambiarte el sitio y todavía mucha más gente que piensa que eres una persona con suerte y de éxito.

Incluso mejor, olvídate de las comparaciones y en su lugar elige modelos que representen un gran papel: gente que tiene cualidades y características que realmente admiras y de la que te gustaría aprender.

Historia de Julian

Déjame hablarte de Julian, un cliente muy comprometido, que trabajó duramente y obtuvo excelentes resultados. Un día se mostró completamente desalentado, con su habitual confianza y *joie de vivre* completamente deshinchados. Me dijo que se sentía harto y descontento de su vida y sus logros. después de escucharle, intuí que había estado realizando un gran trabajo de entontecimiento comparándose con alguien. Cuando le pregunté al respecto, me explico que había estado comparándose con un billonario que tenía mucho poder y capacidad de influir en la economía de todo el país.

Ambos sonreímos, a pesar de que Julian había conseguido perturbar su mente, torturándola con acusaciones y ridiculizándose. en cuanto se dio cuenta de lo que estaba haciendo, paró. Para evitar que volviera a hacer algo parecido, le expliqué este procedimiento que tú puedes utilizar cuando sientas que se acerca un momento de debilidad.

Primero le cuestioné la elección de este billonario en particular como modelo de comparación. Le pregunté a Julian si el billonario tenía una vida familiar feliz y amigos de verdad, si pasaba tiempo con sus hijos, si cuidaba de sí mismo y gozaba de buena salud. Todo esto constituían grandes objetivos de Julian, a pesar de que no los había tenido en cuenta en su apuro por compararse. Después le dije que se comparara con cualquier otra persona, alguien que le produjera sentimientos de felicidad y agradecimiento. En cuanto lo hizo, fue capaz de apreciar sus objetivos de nuevo. Había pasado muchos días con el fantasma del billonario merodeando en la sombra, aunque sólo necesitó diez minutos para recuperar su buen humor, sus niveles de energía y sus puntos de vista.

Si te das cuenta de que te estás comparando con alguien que te empobrece, para de inmediato. Si otra persona posee una cualidad que te gustaría tener, trata de conseguirla, por supuesto. Pero sácate de encima cualquier ejemplo que sirva para pisotearte a ti mismo. También puede resultar adecuado introducirte en una perspectiva completamente nueva. Recuerda que hay gente que haría cualquier cosa por ponerse en tu lugar y tener tus problemas y dilemas. Es muy importante recordar que tenemos suerte de estar aquí, con nuestras preocupaciones, y no en algún país en guerra, o en cualquier otro lugar donde la gente sufre terriblemente. Cada cinco segundos alguien muere de hambre. Dos tercios de la humanidad morirán sin siquiera haber utilizado un ordenador. Deja de castigarte, colócate en una perspectiva siempre que necesites y recuérdate lo afortunado que eres.

TU PERSONALIDAD MAGNÉTICA

Alguien con una personalidad magnética atrae a su vida a gente y circunstancias favorables. ¿Cómo crear una personalidad magnética? Simplemente, construyendo los cimientos de tu autoimagen, autoestima y haciendo resplandecer la confianza en ti mismo y teniendo buenos pensamientos sobre ti mismo.

En tu vida has atraído todo tipo de cosas. Así que por qué no te aseguras de atraer sólo lo mejor: la gente más afectuosa y de confianza, las circunstancias más favorables, los mejores pedazos de suerte y el éxito en abundancia. El pesimismo y el optimismo, la dureza y su suavidad, la caricia y el sufrimiento son altamente contagiosos y conllevan su propia energía. Como ahora te has comprometido a entrenarte sólo con lo mejor de lo mejor, con la cualidad más elevada y con los pensamientos más optimistas, a partir de ahora empezarás a atraer a gente que va hacia la misma energía que eleva el espíritu y que posee cualidades similares.

Puesto que ahora te gustas más a ti mismo y te sientes a gusto, habrá más gratificación y diversión a tu alrededor. Estás más relajado, menos tenso y preocupado y te muestras más espontáneo. Estás desarrollando una personalidad magnética.

TU TAREA

Ahora quiero darte una recompensa. ¡Tu trabajo consiste en llevarte a ti mismo a cenar! En serio. Te pido que te trates a ti mismo como alguien que merece un tratamiento especial. Si una cena no resulta ser algo de tu gusto, elige cualquier otra cosa. Aquí tienes algunas sugerencias, elige una y *entra en acción*:

- Desayuna o almuerza en algún lugar o disfruta simplemente de una buena taza de café en alguna cafetería. Brinda por ti.
- Mímate con un baño de lujo. Imagínate que estás preparando esta recompensa para una persona realmente especial. Prepara velas perfumadas, música suave, quema incienso, escancia vino en una copa y llena la bañera de burbujas. Después, sumérgete en ella y repite *Me gusto* diez veces.
- Cocina para ti una comida nutritiva y maravillosa.
- Vete al cine o al teatro.
- Cómprate una buena novela y encuentra tiempo para leerla.
- Haz algo que siempre te hubiera gustado probar: montar a caballo, patinar sobre hielo, tirarte de un trampolín, una clase de yoga o de música.
- O simplemente utiliza tu imaginación y anímate con un buen concepto de ti mismo.

¡Goza!

Y RECUERDA...

La confianza indestructible en uno mismo proporciona serenidad, seguridad y autoaceptación.

> *En tu vida todo es un reflejo de lo que sientes que mereces.*
>
> *Aprende a quererte y nunca más necesitarás la aprobación de nadie más.*

Apréciate por todo lo que haces y eres.

Sé más generoso con los demás, especialmente con los más vulnerables de entre nosotros.

4

Cultiva la confianza en ti mismo, tu potencial personal y un carisma irresistible

El siguiente ladrillo que vas a colocar, mientras te conviertes en alguien que vive la vida que quiere, es la habilidad de confiar absoluta y totalmente en ti mismo. Ya posees el sólido cimiento de una alta cualidad de autoimagen y una segura autoestima. Con estas dos cualidades en su lugar, ahora puedes construir un nuevo y emocionante nivel de autoconfianza.

La autoconfianza es el atributo más útil que puedes desarrollar. Con niveles de autoconfianza potentes y saludables, nunca más pedirás que otros clasifiquen, arreglen u organicen tu vida por ti. Comprenderás que sólo tú eres el responsable de la vida que tienes y que sólo tú eres capaz de crearla. La verdadera autoconfianza te permitirá florecer con seguridad y hacerte enormemente atractivo para todos.

La autoconfianza es como un músculo que puedes utilizar o perder. Si no has practicado autoconfianza con regularidad, el músculo estará blando e inútil. Pero flexiónalo y estíralo suficiente y se hará más grande, más fuerte y adquirirá resistencia para llevar a cabo cualquier solicitud que pidas. La autoconfianza es la cualidad universal singular que comparten los individuos verdaderamente poderosos. Es lo que separa a los que alcanzan sus metas de los seguidores, imitadores y críticos. Es lo que intriga a los otros y lo que los separa de ellos y les proporciona un carisma irresistible y pose personal.

La gente que tiene confianza en sí misma es la que sobresale porque ha aprendido a buscar soluciones y repuestas dentro de sí misma y haciéndolo ha desarrollado una feliz y saludable relación consigo misma.

En el libro *The Road Less Travelled*, M. Scott Peck dice: «Muchos de nosotros creemos que la libertad y el poder de la adultez es nuestro mérito, pero la verdad es que nos gusta poco la responsabilidad adulta y la autodisciplina». El desarrollo de la autoconfianza consiste en el desarrollo de las cualidades de responsabilidad y autodisciplina y, en un verdaderamente excitante sentido, en convertirse en un adulto.

VERDADERO PODER

Quienes tienen completa autoconfianza tienen el poder real. Aunque lo que normalmente se considera como ser poderoso no es de ningún modo el poder real. La persecución del dinero, el glamur o el sexo, el controlar a los demás o el poder militar y político son simplemente manifestaciones de la necesidad de parecer poderoso. Una persona puede tener una posición de poder e influencia y seguir siendo débil, sin una pizca de poder personal real y paz interior. Puede ser que presidentes de gobierno, administradores de empresa, personalidades televisivas, estrellas de cine y gente en la cumbre de su profesión carezcan de ella, y definitivamente el dinero no puede comprarla. He trabajado con personas que son tratadas con gran respeto y ejercen externamente un gran poder, pero la mayoría de las veces son interiormente indecisas y débiles.

Puedes ser rico, con éxito y neurótico. De hecho, el dinero puede hacerte más neurótico si ves en él la fuente de poder, porque vives con la espalda de Damocles encima, con miedo a que te pueda ser arrebatado.

Tratar de conquistar a la gente, buscar la aprobación y la aceptación, intentar impresionar y ansiar elogios crea debilidad y destruye tu poder real porque te hace dependiente de los caprichos de los demás. Acabarás siendo una marioneta controlada por las elecciones y el humor de los demás.

La autoimportancia es muy diferente a la autoestima. La autoimportancia es donde la gente insegura se esconde, cuando intenta convencer a los demás de que es importante. El escritor Carlos Castaneda lo dijo perfectamente: «Mucha de nuestra energía se gasta en el mantenimiento de nuestra importancia. Si fuésemos capaces de perder algo de esta importancia, podrían ocurrirnos dos cosas extraordinarias. Una, liberaríamos nuestra energía del intento de mantener la ilusión de nuestra grandeza, y dos, podríamos proveernos de energía suficiente para alcanzar un destello de la verdadera grandeza del universo».

El poder real procede de la autoconfianza y quienes poseen este fuerte poder interior destacan respecto a los demás. Les proporciona libertad para que sus mentes hablen y vivan según les plazca. La autoaprobación les permite ir por la vida sin excesiva angustia y confusión. Piensa en Nelson Mandela, Anita Roddick, Linda McCartney y sir Paul McCartney, Oprah Winfrey, Margaret Thatcher, Tony Benn, Gandhi, Martin Luther King, Emily Pankhurts, el Dalai Lama, Winston Churchill y Germaine Greer. Fíjate en Hilary Clinton, Cherie Blair, Vivienne Westwood, Tina Turner, Donatella Versace, Vanessa Redgrave y Bette Davis.

Muchos entre otros han sido representados en películas. Piensa en el Liam Neeson en *Michel Collins*, el Brad Pitt de *Siete días en el Tíbet*, el Mel Gibson de *Braveheart,* el Daniel Day Lewis de *El último mohicano*, la Sigourney Weaver de *Gorilas en la niebla*, el Tim Robbins de *Shawshnk Redemption*, el Denzel Washington de *Huracán* y la Vivien Leigh de *Lo que el viento se llevó*. Todas estas personas y personajes supuran autoaprobación, autoconfianza y poder personal. Son carismáticos sin esfuerzo alguno. Simplemente brillan. No tienen que gustarte necesariamente ni tienes que estar de acuerdo con ellos para ver que poseen integridad, elegancia y una actitud del demonio.

Margaret Thatcher fue querida y denigrada con equivalente pasión, a pesar de que incluso sus críticos admiraban su capacidad de decir lo que quería sin importarle lo que pensaban de ella. No preparaba a la opinión pública antes de hablar u opinar.

En el otro lado del espectro político, pasa lo mismo con el veterano izquierdista Tony Benn. Dice lo que piensa y sobresale por encima de muchos otros. Incluso quienes no comparten sus opiniones admiran sus agallas. Germaine Greer, una pionera del movimiento de liberación de las mujeres, es una pensadora controvertida, libre, excitante e impredecible. Como lo es también Julie Burchill. Era la columnista de opinión mejor pagada de Gran Bretaña porque decía exactamente lo que pensaba, sin importarle lo escandaloso que pareciese.

Tú puedes encontrar verdadero poder interior porque la gente que lo tiene, también tiene enorme carisma. Cuanta más autoconfianza desarrolles, más poder real generarás para ti mismo, lo cual te hará inmensamente atractivo para los demás.

Antes de que empiece a explicarte los pasos que debes seguir para desarrollar este tipo de poder interior y autoconfianza, deja que cuente un par de historias de dos personas tan diferentes como fascinantes, Emma y Paul.

HISTORIA DE EMMA

EMMA HABÍA ESTADO TRABAJANDO DURANTE SIETE AÑOS COMO DIRECTORA ADJUNTA EN UN PERIÓDICO NACIONAL, REGULARMENTE EN HORARIO NOCTURNO DURANTE CINCO NOCHES A LA SEMANA. SU TRABAJO ERA ENORMEMENTE DIFÍCIL Y ESTRESANTE, Y EL IMPLACABLE MOVIMIENTO, LA TERRIBLE Y HOSTIL ATMÓSFERA DE TRABAJO Y EL PERSONAL COMPETITIVO E INSEGURO HABÍAN CONSEGUIDO QUE ESTUVIERA ATERRORIZADA ANTE LA POSIBILIDAD DE PERDER SU PUESTO.

LA SUPERVIVENCIA EN ESTE ENTORNO TENSO Y NEURÓTICO HABÍA PERJUDICADO EL TIPO DE VIDA Y LA SALUD DE EMMA. HABÍA PERDIDO EL CONTACTO CON SUS AMIGOS, SE SENTÍA ENFERMA E INCAPAZ, HABÍA GANADO PESO Y HABÍA ABANDONADO LA IDEA DE IR AL GIMNASIO PORQUE SIEMPRE SE ENCONTRABA DEMASIADO CANSADA. EMMA TENÍA TREINTA Y CINCO AÑOS, PERO APARENTABA CUARENTA Y CINCO, Y HABÍA LLEGADO AL PUNTO EN QUE YA NO PODÍA SEGUIR ASÍ POR MÁS TIEMPO. EMMA RENUNCIÓ A SU PUESTO Y DECIDIÓ NO VIVIR NUNCA MÁS DE ESE MODO. DESPUÉS DE UNAS VACACIONES Y ALGUNAS SEMANAS DE DESCANSO DECIDIÓ HABLAR CONMIGO PARA QUE LA AYUDARA A PLANIFICAR EL NUEVO ESCENARIO DE SU VIDA.

En ese momento Emma no tenía una idea muy clara de lo que quería hacer. Se las había arreglado para ahorrar un poco, principalmente porque su horario de trabajo le impedía tener tiempo para salir o ir de compras. Tenía un agradable apartamento en el centro de Londres, pero la renta estaba terminando con sus ahorros y Emma tenía miedo de que su vida se fuera otra vez de sus manos.

Encontré a Emma profundamente infeliz y confusa, con muy poco aprecio por sí misma, por sus enormes talentos, que obviamente tenía, y por las oportunidades ilimitadas que estaban a su alcance. Emma intentaba encontrar la respuesta preguntando a amigos, antiguos colegas, familiares y a cualquier conocido, excepto a sí misma. Pensaba que una empresa de Internet podía ser una buena idea, dado que se trataba de algo que todo el mundo parecía estar haciendo, pero algo de lo que no se sentía bastante segura. Emma se estaba poniendo nerviosa por momentos y su familia le aumentaba la presión telefoneándola a cada momento con más ideas sobre lo que podía hacer.

Mi primer paso consistió en prohibir a Emma que preguntara por más ideas, sugerencias o consejos a cualquiera de su alrededor. Valoraba lo que su familia y sus amigos estaban haciendo cuidándola e intentando ayudarla, pero su implicación en realidad estaba impidiendo que Emma pensara por sí misma, claramente y con confianza. Una vez se hubo mostrado de acuerdo, le pedí que buscara un trabajo. ¡Ese mismo día! Emma se había mostrado apática, aletargada y alicaída durante unas seis semanas y los beneficios proporcionados por las vacaciones y el descanso ya habían desaparecido. Ella era una mujer joven, capaz y dinámica y necesitaba estar en el mundo, mezclarse con gente, disfrutar de sí misma y ganar dinero.

«¿Qué tipo de trabajo has pensado para mí?», me preguntó con incredulidad.

«¿Qué tal como camarera de un restaurante moderno, con estilo y divertido?, le sugerí.

A Emma le encantó la idea, pero salió con tropecientas excusas de las razones por las que no podía hacer eso. Era demasiado mayor, tenía sobrepeso, no era suficientemente moderna ni bonita. Y después de trabajar en relación con todas sus objeciones, encontramos el impedimento real. Los restaurantes con más estilo eran los frecuentados por los antiguos jefes y colegas. ¿Qué pensarían ellos si la veían trabajando como camarera? ¿No iban a pensar que estaba desesperada, que estaba pasando por malos momentos y que nunca tendría que haber dejado el periódico?

Le señalé la verdad de la situación: que estaba realmente encantada sólo de pensar en trabajar en uno de esos lugares *in* y salir del brazo de toda aquella gente divertida, y que lo único que la paralizaba era lo que otra gente podía pensar al respecto. En otras palabras, la opinión de los demás –la de su antiguo jefe, por ejemplo– le estaba dictando sus decisiones y el curso de su vida. Emma estaba totalmente atrapada, era una prisionera de su propia manera de actuar. Había cedido todo el poder a otro, y ni siquiera era alguien que le gustara o respetara o que le interesara afectivamente.

Una vez hube puesto al descubierto los hechos, Emma se mostró impresionada. El siguiente paso consistió en invitarla a ver el trabajo de camarera de forma positiva. Le sugerí que sus antiguos colegas podrían quedar realmente impresionados al ver cuántas agallas y confianza en sí misma había tenido al haber aceptado un trabajo tan distinto. Podrían pensar que se estaba tomando un tiempo para ganar dinero y divertirse antes de tener la siguiente fase «seria» de su vida. Algunos hasta podrían desear secretamente haber tenido el mismo coraje y fuerza interior para romper y cambiar la dirección de sus vidas. Pertrechada con esta nueva perspectiva, Emma se mostró de acuerdo en pintarse los labios, tener una buena apariencia e ir a por un trabajo.

Hablamos cuatro días después y resultó que Emma había conseguido no uno, sino dos trabajos en aquel tipo de lugares con estilo divertido sobre los que nos habíamos mostrado de acuerdo. Ya había hecho un turno en uno de ellos y aunque estaba agotada, le encantaba. Podía ver que estaba volviendo a la vida tan sólo por el hecho de haber salido del mundo laboral, mezclándose con otra gente y ganando dinero. Tres semanas después, Emma todavía seguía con los dos trabajos; había perdido peso sin ningún esfuerzo, parecía años más joven y había recuperado su vieja alegría y brillantez.

Después de haber superado la crisis y encontrarse en su nuevo estado de mente optimista, pudimos empezar a identificar el siguiente paso. Necesitábamos encontrar cuáles eran las verdaderas pasiones de Emma, en qué destacaba y qué era lo que deseaba secretamente. Emma había escuchado consejos de tanta gente que no tenía ni idea de lo que relamente quería. Así que le pedí que hiciera una lista de cosas que realmente le gustasen hacer, sin pensar si podía ganarse la vida con ellas o no. Reducimos su lista inicial a tres cosas: escribir, organizar comidas y encuentros y ver carreras de fórmula uno. Aunque Emma había trabajado como editora en un periódico, en realidad no había escrito demasiado y siempre había envidiado a los escritores que se habían encargado de las entrevistas y asuntos más sustanciosos. Y su pasión por la fórmula uno había empezado cuando tenía catorce años, iniciada por un amigo de su hermano. Emma había sido cautivada y desde entonces había soñado con involucrarse de algún modo en este mundo.

Investigamos conjuntamente cómo estas tres pasiones podían conducirla a una variedad de negocios. Lo que Emma necesitaba era, sobre todo, superar sus nervios, tomar algunas decisiones y entrar en acción, pues tenía la costumbre de que sus nervios y ansiedades la paralizaran y la mantuvieran en la inmovilidad. Así es que el lema vital que le di para las siguientes semanas fue: *Continúa pase lo que pase*. Y la apremié a que se sobrepusiera a sus miedos, haciéndoles caso omiso o ignorándolos. Emma continuó con el plan de acción haciendo caso omiso de cómo se estaba sintiendo. Funcionó a las mil maravillas. Dos meses más tarde Emma estaba trabajando como escritora a tiempo completo, escribiendo con regularidad sobre carreras de Fórmula Uno y parecía estar y sentirse maravillosamente.

La decisión más importante que adoptó Emma pasó por dejar de escuchar lo que le decía otra gente y empezó a escucharse a sí misma. La segunda decisión más importante fue dejar de prestar atención a sus miedos. Al adoptarlas, se hizo fuerte y desarrolló músculo psicológico y la resistencia, la flexibilidad y la autoconciencia necesarias para la verdadera autoestima.

Historia de Paul

Me encontré con Paul y su esposa durante unas vacaciones. Mientras conversábamos en el hotel durante el desayuno quedé impresionada por el modo en que Paul desprendía autoconfianza por cada poro de su piel. Le habían despedido de su trabajo como encargado de obras cuatro años antes, cuando tenía treinta y dos años.

«En cuanto superé el susto que me produjo el despido, empecé a pensar sobre cómo trabajar para mí mismo. Creo que, en secreto, siempre había querido intentarlo», me dijo. «El despido me dio la oportunidad de tomar la iniciativa. También lo vi como la oportunidad de realizar un cambio completo y de encaminarme hacia un lugar completamente diferente.»

Después de esto, todo ocurrió muy rápidamente. Paul y su esposa Margaret vendieron su casa pocos días después de haberla puesto en venta, colocaron sus pertenencias en un coche, se marcharon de Newcastle, en el noreste de Inglaterra, y se fueron a Guilford, en el sur. Como no conocían a nadie allí, se alojaron en una casa de huéspedes baratas hasta que encontraron un apartamento de alquiler. «Era como una aventura», me dijo Paul. «Estábamos al cien por cien comprometidos a pasar por eso y establecer un negocio propio. Una vez tomada la decisión, nunca flaqueamos. El fracaso no constituía una opción.»

En cuanto tuvieron su apartamento, Paul y Margaret, se pusieron manos a la obra para iniciar su empresa de capacitación para la construcción. Al principio, pasaban tres días a la semana enviando cartas y haciendo llamadas a clientes potenciales. Tuvieron que pasar seis meses antes de ganar algo de dinero. Vivieron modestamente y ambos trabajaron a tiempo parcial para otros, pero nunca titubearon en su resolución de hacer que la empresa funcionara. Al cabo de seis meses de haber empezado, Paul consiguió su primer contrato, irónicamente de la empresa que lo había despedido. El contrato fue renovado y lentamente otras empresas los contrataron y empezaron a expandir la idea de que la de Paul y Margaret era una buena empresa.

El éxito de Paul no ocurrió de repente, pero cuando nosotros hablamos tenía suficiente trabajo en perspectiva como para emplear a otros tres encargados de obra y ganaba cinco veces más de lo que ganaba cuatro años antes. La empresa marchaba fácilmente y su única preocupación era saber sobrellevar el volumen de trabajo y encontrar los trabajadores apropiados.

La llave de su éxito residía en algo que Margaret me contó: «No podíamos fallar» dijo, «Paul es el tipo de persona que habría hecho cualquier cosa con tal de ganar el alquiler. Hubiese vuelto a su primer trabajo, la albañilería, si hubiese sido necesario, hasta que la empresa hubiese despegado.»

La fuerza de Paul reside en su mentalidad y su buena voluntad para actuar y continuar actuando hasta que consigue sus resultados. Su mentalidad era doble. En primer

LUGAR, CREÍA QUE EL FRACASO NO ERA UNA OPCIÓN Y EN SEGUNDO LUGAR, SE ADAPTABA A HACER OTRAS COSAS, AUNQUE FUESEN DE BAJA CATEGORÍA, PARA GANAR DINERO A CORTO PLAZO.

POR QUÉ ES VITAL LA AUTOCONFIANZA

Emma y Paul eran distintos el uno del otro, aunque los dos tenían un elevado grado de valor y determinación. Emma había sido obligada a desarrollar autoconfianza, mientras que Paul la tenía innata, sin ser demasiado consciente de lo que poseía. Lo que Emma desarrolló, gracias a su propia perseverancia, y lo que Paul poseía como don innato, era un fuerte nivel de resistencia interior y fuerza de voluntad para actuar. Y ambas cualidades son necesarias para desenvolverse en la vida actual, cuando, mucho más que antes, las demandas son más grandes y también mayores las presiones. Ya no existen cosas tales como la seguridad laboral o un trabajo de por vida; ésos son recuerdos de un tiempo perdido. Se nos estimula a responsabilizarnos de nuestro propio bienestar y no confiarlo al Estado o a cualquier otro tipo de organización. No podemos y no debemos esperar a ser rescatados. Hay una insistencia cultural, social y económica para que seamos emprendedores, autosuficientes, flexibles al máximo, imaginativos y autodependientes.

Las personas con un alto nivel de autoconfianza tienen un aire de autoridad, resistencia y profundidad que las separa de quienes eluden la responsabilidad individual. En muchos casos, han trabajado sin respiro para desarrollar el valor y la audacia que los han llevado a conseguir grandes metas, preferentemente sin haber podido confiar en otro ser humano u organización que mantuviera sus necesidades materiales, psicológicas, espirituales y emocionales básicas.

Semejantes individuos serán directos, francos y sin malicia y tendrán el más alto nivel de integridad. Diana, la princesa de Gales, fue otra mujer que, como Emma, había aprendido autoconfianza. En los últimos años de su vida, había hecho las paces consigo misma, se había sobrepuesto a sus problemas de alimentación y forjado una nueva relación consigo misma basada en el autorrespeto. Como resultado, era capaz de disfrutar de su propia compañía, confiar en sus propios juicios y tomar decisiones por las que sabía que iba a ser duramente criticada. Su decisión personal de encabezar la campaña de la Cruz Roja de las minas antipersonas le supuso la condena del gobierno conservador del momento. Pero como había decidido confiar en su propio juicio, fue capaz de tomar decisiones de este nivel, sin ser influenciada por la respuesta política o pública. Y, por supuesto, la respuesta política fue finalmente seguir a Diana y aceptar que había tomado la decisión correcta. A medida que cambiaba y crecía, Diana se hacía más carismática que antes y se convirtió en un ser humano influyente globalmente.

SÉ UNO DE LOS GANADORES

Si quieres ser poderoso y carismático y rezumar elegancia, tienes que trabajar. Tienes que llegar hasta tus recursos interiores de fuerza de voluntad y valor, construir confianza y respeto para ti mismo y después demostrarte todo esto a ti mismo entrando en acción.

Las personas con una autoconfianza invencible tienen un secreto, una complicidad que las señala como diferentes. Y esto ocurre así porque simplemente estaban mirando hacia dentro de sí mismas cuando otros estaban mirando afuera y luchando en busca de tranquilidad y orientación. Ellas saben que pueden confiar en sí mismas porque se han probado a sí mismas y han pasado la prueba con éxito. Han conseguido estar en el cuadro de honor y se sienten orgullosas. ¿Qué puede ser mejor que ser tomado con seriedad? ¿Qué es mejor que tener la confianza de no tener que preocuparte porque la gente te tome en serio o no, sino vivir con tu propia aprobación y tu propio respeto? ¿Qué puede ser mejor que el amor y la admiración de otra gente? ¿Qué mejor que gozar de tu autorespeto y autoaceptación? El escritor y filósofo francés Montaigne dijo: «Lo mejor del mundo es cómo ser uno mismo».

Y yo podría añadir, cómo quererse a un mismo.

Ejercicio

Coge papel y bolígrafo y contesta las siguientes preguntas:

1. *¿Cuánta confianza en mí mismo muestro?*
2. *¿Cuándo fue la última vez que tomé una gran decisión teniendo en cuenta mi propia opinión?*
3. *¿Cuánto necesito la aprobación de los demás?*
4. *¿Cuánto me gusto, me respeto y me apruebo?*
5. *¿Cuándo fue la última vez que asumí un riesgo que demostraba fe y confianza en mí mismo, sin tener en cuenta lo que otros pensaran?*
6. *¿Cómo sería mi vida si me respaldara a mí mismo cien por cien, si confiara en mí mismo y no buscara el respeto y la aprobación de los demás?*

EL PLAN MAESTRO DE LA AUTOCONFIANZA

La autoconfianza es la llave que te abrirá un mundo de audacia, libertad y oportunidades. El crecimiento de tu autoconfianza hasta alturas vertiginosas no sólo es posible, sino que es alcanzable en poco tiempo si estás suficientemente centrado y con determinación. Aquí expongo los cinco pasos para poner en marcha y completar la autoconfianza.

PASO UNO: SÉ AMIGO DE TI MISMO

Ser tu mejor amigo es lo más grande que puedes hacer por ti mismo. Imagínate un mejor ideal o piensa en alguien a quien realmente conozcas, alguien no sólo que te guste mucho sino a quien también respetes. Quieres lo mejor para esa persona y estás de su lado. Lo alientas sin parar y eres inequívoco e incuestionablemente leal. Ahora, date la vuelta y mírate a ti mismo y procura tener la misma relación contigo que antes tenías con esa persona. Toma la decisión ahora mismo de comprometerte a una relación valiosa y significativa contigo y demostrar justicia, imparcial, lealtad, respeto, tolerancia y compasión.

A veces oigo gente que dice las cosas más insultantes sobre sí misma, sin darse cuenta de hasta qué punto se desprecia y se desmoraliza. Háblate siempre a ti mismo como si fueras un valioso amigo. Señálate lo bien que lo estás haciendo, empieza a disfrutar de tu propia compañía y reconoce lo interesante, divertida e ingeniosa que es la persona con quien estás.

HISTORIA DE LINDY

LINDY PESABA SIETE KILOS DE MÁS Y SE ODIABA A SÍ MISMA. CADA DÍA SE MIRABA AL ESPEJO Y SE DECÍA « BRUJA HORRIBLE». ¿ES ESO LO QUE LE DIRÍAS A TU MEJOR AMIGA PARA MOTIVARLA A COMER MÁS SALUDABLEMENTE, IR AL GIMNASIO Y SENTIRSE MEJOR CONSIGO MISMA? DEFINITIVAMENTE NO. ¿ESTA CRÍTICA CONDUCÍA A LINDY A ALGUNA PARTE? POR SUPUESTO, NO. SIMPLEMENTE LA MANTENÍA SUJETA A UNA ESPIRAL DE AUTODISGUSTO Y UN COMER RECONFORTABLE Y LETÁRGICO.

CUANDO ME ENCONTRÉ CON ELLA, LINDY HABÍA PERMANECIDO EN ESTE ESTADO DURANTE SEIS MESES. CUANDO LE PREGUNTÉ LA RAZÓN POR LA QUE SE INSULTABA A SÍ MISMA, ME DIJO QUE SE SENTÍA QUE NO MERECÍA HABLARSE DE UN MODO MÁS AMABLE HASTA QUE CON FUERZA DE VOLUNTAD NO CONSIGUIESE PERDER PESO Y CONTROLAR SU CUERPO. CUANDO LE ENSEÑÉ QUE EN LOS SEIS MESES QUE DURABA SU ESTRATEGIA NO HABÍA CONSEGUIDO NINGÚN RESULTADO, SE SORPRENDIÓ BASTANTE. NO SE HABÍA DADO CUENTA DE QUE NO HABÍA CONSEGUIDO PROGRESAR NI UNA BRIZNA; SIMPLEMENTE SE HABÍA COMPORTADO DESAGRADABLEMENTE CONSIGO MISMA CON LA ESPERANZA DE QUE FUNCIONARA.

CUANDO LE PREGUNTÉ A LINDY SI HABLARÍA DEL MISMO MODO INSULTANTE A UN AMIGO APRECIADO, ÉSTA REACCIONÓ CON FURIA, DICIENDO QUE NI SIQUIERA PODÍA PENSAR EN TRATAR A ALGUIEN DE ESE MODO, Y MENOS A ALGUIEN A QUIEN ELLA APRECIASE. EN EL MOMENTO EN QUE DIJO ESTO SE DIO CUENTA DE QUE SE ESTABA COMPORTANDO COMO UN ENEMIGO PARA SÍ MISMA, AL SER INSULTANTE, INTIMIDANTE Y DESPRECIATIVA.

Le pedí a Lindy que intentara vivir durante una semana como si fuese su mejor amiga, brindándose apoyo moral, palabras de aliento, amabilidad y consideración. Le pedí que se dijera todas aquellas palabras que diría si tuviera que dar apoyo a una amiga muy cercana.

Lindy se mostró de acuerdo y después de una semana se presentó diciendo que le había encantado tratarse a sí misma de un modo tan distinto. Es más, la diferencia hizo que aumentaran su moral y su energía. Su necesidad de compensarse a través de la comida disminuyó a medida que daba consuelo real con apoyo real y palabras amables. Negoció consigo misma el asunto de volver al gimnasio, y recompensó sus esfuerzos con un masaje. Al final de la semana Lindy había perdido dos kilos y se sentía mucho más ligera de cuerpo y alma. Lindy había descubierto que la vida podía ser mucho más fácil con su propio apoyo y siguió perdiendo sus kilos de la manera más fácil y cómodamente.

Segundo paso: habla menos

La gente poderosa habla poco. La gente poderosa no pierde palabras, ni habla por hablar sobre nada en particular o va a la deriva de una charla a otra. Las personas poderosas piensan lo que quieren decir y expresan sus pensamientos con claridad y con intencionalidad a la gente relevante. Discretamente, se sienten a gusto consigo mismas; no necesitan venderse a los demás, puesto que ya están vendidas a sí mismas. Nunca discuten, puesto que no tienen que ganar ningún punto, ni que defender ninguna posición. Como dice el clásico texto chino del *Tao Te Ching*: «Quienes saben no hablan; quienes hablan no saben».

Todos nosotros conocemos al menos una persona cuya seguridad interior, compostura y comodidad la hace irresistible y enigmática. Esas personas son fáciles de descubrir porque sobresalen sin querer y su serenidad afecta a todos aquellos que están a su alrededor. La forma más efectiva de hablar es la brevedad, con nada que probar y sin necesidad de impresionar, dominar la conversación o escucharse a uno mismo. Intenta escuchar al menos dos veces, como cuando tú hablas. Cuando digo escuchar, digo escuchar plenamente, sin pensar en tu réplica mientras la otra persona está hablando. Cuando escuchas de este modo, la otra persona se siente apoyada por tu presencia. Puedes abandonar cualquier necesidad de dominar, persuadir o competir. Te sentirás profundamente seguro, gracias a tu habilidad de escuchar y permanecer en silencio y, haciendo algo tan simple como esto, conseguirás un gran carisma.

Muchas personas hablan por el gusto de hablar. Exageran, se inventan cosas, hablan sin saber o comprender de lo que están hablando o vuelven una y otra vez sobre el mismo tema. Gastan enormes cantidades de energía defendiendo su punto de vista o intentando persuadir a los demás para que lo compartan. No te molestes en intentar impresionar a la gente; no hables a menos que tengas algo que decir y conserva la sencillez. Cuando te sientes a gusto contigo mismo, no necesitas ser aceptado o apreciado por los demás, puesto que ya te aceptas y te aprecias a ti mismo.

Tercer paso: resérvate para ti mismo

Sé muy selectivo en relación con las cosas de ti mismo que quieres hablar con los demás. Desarrolla la disciplina de aconsejarte a ti mismo y ser discreto sobre tu vida. Cuando hablas de todo con cualquiera, gastas enormes cantidades de energía y te expones a todo tipo de comentarios despreciativos, críticas y juicios, que a menudo proceden de gente bien intencionada que piensa que te está dando un consejo útil. Si hablas de algo importante a muchas personas, o discutes sobre el tema por el gusto de discutir, es casi seguro que los demás te proporcionarán desánimo e indecisión, algo que te hará más difícil creer en ti mismo y seguir tu propio camino. Cuanto más arriesgadas y valientes sean tus ideas, planes o ambiciones, más te los presentarán los demás como inalcanzables.

En lugar de buscar el apoyo de los demás, busca tu propio apoyo. Mantener una relación significativa contigo mismo significa conservar cierto grado de reserva y silencio sobre tu vida. No expongas tu alma por completo a los demás. Tu filosofía más personal y profunda sobre la vida y el universo debe permanecer así: personal.

El viejo adagio: «No le des margaritas a los cerdos» resume esto a la perfección. Si una creencia, una intención o un pensamiento son muy valiosos para ti, no los compartas con cualquiera. Por supuesto, necesitas hablar con gente relevante, gente que te ayudará a realizar tus sueños y ambiciones y que te apoyarán en el camino. Pero ten claro quiénes son.

Hagas lo que hagas, no te vuelques sobre la gente. Mantén lo que es sincero e importante cerca de tu corazón. Vive con dignidad y preserva el misterio de quien eres. No te prodigues.

CUARTO PASO: PON FRENO A LA NECESIDAD

Mantener un debate con un amigo para reflexionar sobre una idea puede ser maravilloso. Inclinarse sobre los demás o pedir ayuda, es bueno ocasionalmente. Pero asegúrate de que te detienes aquí. Si te abalanzas sobre los demás y te agitas demasiado, con la esperanza de que te resuelvan los problemas, te hagan sentir mejor o tomen decisiones por ti, quiere decir que estás en una zona de peligro.

Pon freno a tu necesidad a fin de centrarte. Habla contigo mismo, pon orden en ti y adopta responsabilidades para resolver tu propio torbellino interior. Permanece erguido y no esperes que otras personas hagan el trabajo. Cada vez que te vuelves hacia ti mismo para guiarte, apoyarte y encontrar respuestas, alimentas tu propio poder e incrementas tu autoconfianza.

Crecer a expensas de los demás es tanto como ser un vampiro. Vaciarás a tus amigos y los dejarás exhaustos y si continúas haciendo esto, acabarán por evitarte. En cualquier caso, sentirse bien de ese modo constituye siempre un arreglo a corto plazo, con efectos temporales. Cada vez que le pides a alguien que te vende y que cure tus heridas, tiras por la borda la posibilidad de hacerlo por ti mismo.

La necesidad es muy desalentadora y expone a que la gente se sienta a disgusto. Románticamente es un desastre. Como dice el experto en relaciones americano Chuck Spezzano: «cuando tienes necesidad, estás hambriento y los demás se sienten como si fuesen comida». No es extraño que quieran huir.

En cualquier situación de la vida, tanto si se trata de un asunto de trabajo, como de una relación o de algo que quieras, tu poder reside en dejar que se marche la necesidad. Si te recuerdas a ti mismo que no lo necesitas, que puedes sobrevivir sin eso y caminar como si ya lo tuvieses, serás poderoso. Contrólate y desprende estabilidad. Sé fuerte, sé valiente y sujeta tu inquietud y sabrás que puedes confiar en ti mismo.

Hazte desear y no te conviertas en demasiado accesible, ni en lo personal ni en lo profesional. No persigas a la gente ni hagas demasiadas llamadas de teléfono. Da a los demás la posibilidad de que te deseen. Si los necesitas, organiza algunas distracciones para ti mismo. Mantente atareado, dedícate a una afición, márchate un fin de semana, visita a algún amigo u organiza una fiesta. Cuanto más desees algo o a alguien, más importante es que te retires y que actúes como una persona segura de sí misma y confiada, que nunca necesita perseguir nada. Apártate y deja espacio para que venga a ti lo que sea que quieras. O, como dijo una mujer sabia, «no aceptes una cita para el sábado después del miércoles».

Historia de Tom

Tom utilizaba a sus empleados como muletas para afianzarse. Hacía poco había empezado a trabajar en una gran empresa de contabilidad y había sido promocionado rápidamente. Era considerablemente más joven que alguno de sus empleados y se sentía profundamente inseguro y constantemente ansioso por miedo a que otros pudieran criticarle. Cada vez que sentía pánico al respecto, llamaba a su ayudante personal para hablar del tema y sentirse mejor. Le dije a Tom que eso era como sangrar sobre la gente y, dejando aparte el hecho de no mostrarse profesional y propiciar los chismes de oficina, se trataba de algo que en ningún caso le beneficiaba. Su tranquilidad duraba hasta que el siguiente rumor llegaba a su despacho.

Le prohibí a Tom que cogiera el teléfono la próxima vez que se encontrara en tal estado. Por más necesitado o desesperado que se sintiese, tenía que mantener la «sangre fría» y resistir para conseguir seguridad. No importaba cómo se sintiera; tenía que pasar por eso.

Elaboramos una lista de otras opciones que podría elegir. Tenía que aprender a hablar de sí mismo más allá de la necesidad y entrenarse a hacer de la opinión de los demás algo menos importante que su propia opinión. Fue algo duro, pero Tom rompió con el hábito de depender de los demás en una semana y aprendió a confiar en sí mismo y en su propio juicio. Y cuanto más hacía, más reducía su ansiedad.

Quinto paso: apruébate a ti mismo

De las peores, de las más tediosas y moralmente destructoras conversaciones que puedes tener sobre ti mismo o sobre cualquier otro es aquella que se centra en tus imperfecciones, ya se trate de tu sobrepeso, de tu calvicie, de tu mala memoria, de tu obra recién terminada o de cualquier otra cosa, es moralmente aburrido para ti y para aquel desafortunado que te esté escuchando.

Mantener conversaciones de este tipo te convierte en una persona débil y sin poder, y en la que tu necesidad de aprobación externa socava cualquier posibilidad de una relación ingeniosa y respetuosa contigo mismo. ¿Cuánta atención, pensamiento y conversación te toma el examen de tus errores y defectos?

Este tipo de actitud procede de años de condicionamiento, en su mayor parte a través de imágenes culturales de perfección en los medios de comunicación. Desde que naciste has sido bombardeado por este tipo de imágenes y mensajes, que cambian de década a década, de cultura a cultura. Ahora, por ejemplo, la moda entre las mujeres occidentales pasa por tener los labios gruesos, mientras que en India y África pasa precisamente por lo contrario. Así es que ¡no puedes ganar! En los años setenta y principios de los ochenta, durante los años de apogeo del movimiento de las mujeres, las feministas pusieron de moda los extremos para demostrar que ya no necesitaban la aprobación de los hombres para sentirse bien consigo mismas. Las mujeres se cortaron el pelo, sustituyeron los tacones de aguja por cómodos zapatos planos y vestidos ajustados por faldas y pantalones sueltos. El mensaje fue muy claro para todo el mundo: «Nos gustamos y nos aprobamos a nosotras mismas; no nos vestiremos más para conseguir la aprobación de nadie». Tal vez esto pudo haber llevado a extremos tales como mujeres que parecían salidas de un andamio. No obstante, se trató de un desafío innegablemente brillante dirigido conscientemente a subvertir los condicionamientos culturales.

Lo sé. ¡Yo fui una de esas obreras de la construcción!

Tu condicionamiento ha durado veinte, treinta, cuarenta, cincuenta años o más, desde el día de tu nacimiento. Ni siquiera tienes que realizar un esfuerzo especial para exponerte a él. En el metro que tomas para ir a trabajar, en la televisión, en los periódicos y revistas, las imágenes vigentes de perfección están en todas partes. Y el daño que pueden hacer es enorme. Es algo evidente cuando ves la cantidad de hombres que están siendo bombardeados por revistas de estilo y cómo, en consonancia, están aumentando los desórdenes alimentarios.

Así que date un respiro. Deja de leer este tipo de revistas, apaga la televisión y deja de compararte con este tipo de imágenes rígidas y acicaladas. Piensa en ello como la ocasión para que tu sistema se desintoxique y se recupere. Deja de tener contigo o con cualquier otra persona conversaciones del tipo Bridget Jones y Ally McBeal. Ally es una pelele, una neurótica aburrida y obsesiva que sólo ansía aprobación. Bridget, la heroína de la enormemente exitosa novela de Helen Fielding, es igualmente patética, alguien que registra meticulosamente el consumo de calorías, cigarrillos y vasos de vino, y que no hace más que esperar la llamada de teléfono de su novio actual. No hay ni una brizna de autoaprobación o de gusto por sí misma en este tipo de mujer.

Tristemente, hay mucha gente así, y los personajes como Ally McBeal y Bridget Jones no constituyen las imágenes de desdén o ridículo que deberían ser. Granjean nuestro cariño porque representan nuestra propia debilidad. No vivas así. Espera algo más de ti mismo y vive con un grado más elevado de autoaprobación. Sé como la colega de Ally McBeal, Nelle, alguien batalladora, brillante, contenta consigo misma, divertida y a quien no le gustan los tontos. Piensa en Madonna, Muhammad Ali, Dorothy Parker, Amelia Earhart, Mae West, John Wayne o Jessica Mitford. Piensa en Liam Neeson en *La lista de Schindler*, en Kevin Costner en *Bailando con lobos*, en Susan Sarandon en *Thelma y Louise*, en Julia Roberts en *Erin Brockovich*, en Meryl Streep en *Silkwood*, en Joan Crawford en *Mildred Pierce*, en Tom Cruise en *La tapadera*, en Robin Williams en *El club de los poetas muertos*, en Scarlett O'Hara en *Lo que el viento se llevó* y, por supuesto, en James Bond. ¡No estoy diciendo que todos ellos sean perfectos! Simplemente digo que tienen un alto grado de autoaprobación.

Si quieres aprobación, apruébate a ti mismo. Di a menudo: *Ahora me apruebo completamente.* Y añade: *Especialmente en la presencia de ... (hombres/mujeres/otra gente o el nombre de alguien concreto).* Recuerda que si te tratas a ti mismo como alguien especial, otros te verán como un ser especial. Tu conducta respecto a ti mismo será el espejo de tus sentimientos sobre ti mismo. Si te apruebas, serás querido y admirado por tu integridad y fortaleza.

Asegúrate de no ser una persona desesperada por aprobación de los demás o que busca afanosamente lograr una buena opinión de los demás. Sé el tipo de persona fuerte, que se gusta a sí misma y que no necesita exhibirse o calcular la opinión de los demás antes de decir lo que piensa. Sé alguien dinámico, efectivo y agradable.

Recuerda que eres mucho más fuerte de lo que piensas. Cuanto más confíes en ti mismo, más fácil te resultará. Cuando te sientas muy inseguro, necesitarás más valor para resistirte al impulso de pedirle a alguien que te haga sentir mejor. Cree que lo puedes hacer por ti mismo y lo harás. Nadie conoce mejor que tú lo que necesitas. Sé amable contigo mismo, pero también fuerte. No pidas ni des consejos. En su lugar, busca en tu interior el valor que está esperando. Como dice el gran libro de filosofía china, el *Tao Te Ching*: «Comprender a los demás es conocimiento. Comprenderse a uno mismo es estar iluminado. La conquista de los demás precisa firmeza. La conquista de uno mismo es más difícil todavía».

TUS TAREAS

En primer lugar, quiero que pases algún tiempo contigo mismo. Disfruta de tu compañía en al menos dos ocasiones diferentes en la próxima semana. Relájate, sal a hacer algo divertido o simplemente lee un libro. En segundo lugar, quiero que pases todo un día practicando el plan maestro de la autoconfianza (*véase* pág. 82). Sé tu mejor amigo, habla menos, frena la necesidad y apruébate.

En tercer lugar, quiero que hagas algo que te pruebe que puedes valerte por ti mismo. Aquí tienes algunas sugerencias:

- Sal alguna noche con amigos que beban y bebe sólo agua y bebidas suaves.
- Quéjate de algo con firmeza y amabilidad, sin disculparte.
- Empieza a hablar con alguien a quien consideres atractivo o interesante, sin preocuparte de parecer solitario o desesperado. ¡No lo estás!

Sólo tú lo puedes hacer. ¡Sé atrevido, sé brillante, sé valiente!

Y RECUERDA...

Aquellos que tienen completa autoconfianza tienen verdadero poder.

> *Con una autoconfianza saludable, nunca más buscarás que los demás ordenen, arreglen u organicen tu vida.*
>
> *La autoconfianza es un músculo que se desarrolla y fortalece.*
>
> *Desarrolla resistencia interna y buena voluntad y actúa.*
>
> *Busca dentro de ti mismo, no fuera, las soluciones, la seguridad y la orientación.*

5

Siempre tienes razón, así que elige lo que quieres para tener razón

Mientras me he ocupado de tu autoimagen, autoestima, de tu poder personal y de tu autoconfianza, animándote a construir y fortalecer tu salud psicológica, te has podido sentir brillante y tener las mejores expectativas sobre ti mismo.

Ahora ha llegado el momento de observar tus pensamientos y expectativas sobre la vida, porque a fin de ordenar este nuevo y brillante tú para la vida que quieres, necesitas comprender por qué ahora tu vida es así. En este capítulo quiero que pongas tus creencias bajo los focos, porque la dirección y la calidad de tu vida es el resultado de ellas. Todos tus pensamientos, expectativas y acciones están basados en tus creencias. Así que para alcanzar la raíz de la razón de que tus pensamientos sean como son, tenemos que llegar en profundidad a las creencias que suelen modelar tu vida.

Deja que te explique cuán poderosas pueden ser las creencias. Las creencias tienen el potencial de crear o destruir. Provengan de donde provengan —normalmente, de una mezcla de influencias de infancia y figuras de autoridad, así como de otras influencias sociales o personales que tenemos a lo largo de nuestra vida—, acabamos por aceptarlas como verdades absolutas. Las defendemos y vivimos con ellas, sin que nos importe el coste.

En algunas sociedades tribales, la gente cree que el poder y la autoridad del chamán son tan grandes que si él dice que alguien morirá, muere.

En el mundo «civilizado» solemos investir de semejante autoridad a los doctores y profesionales de la medicina. Cuando emiten pronósticos sobre las expectativas de vida, les creemos y un elevado número de pacientes mueren algunas semanas después de que el doctor prediga la fecha.

Hay muchos ejemplos inspiradores sobre el poder de las creencias. Investigaciones sobre los internos en los campos de concentración sugieren que quienes sobrevivieron poseían un sistema de creencias que les proporcionó fuerza para sobrevivir. Creían que sobrevivirían y fueron capaces de darle sentido a las experiencias. En su libro *El hombre en busca de sentido*, Victor Frankl habla de sus potencialmente devastadoras experiencias en un campo de concentración. Frankl era un psiquiatra austríaco cuya esposa e hijos fueron asesinados por los nazis. También él sufrió enormemente, aunque, igual que otros, fue capaz de encontrar un modo positivo de darle sentido a lo que le había sucedido. Fueron capaces de encontrar un sentido personal y un modo de ver el mundo que les dio valor a las experiencias que habían sufrido en los campos. Frankl escribe:

> Quienes vivimos en los campos de concentración podemos recordar a hombres que caminaban por los barracones reconfortando a los demás, desprendiéndose de su último mendrugo de pan. Tal vez fueron pocos numéricamente, pero dieron pruebas suficientes de que a un hombre se le puede robar todo menos una cosa, la última de las libertades del ser humano, la elección de su propia actitud en cualquier tipo de circunstancias, la elección del propio camino. El modo como un hombre acepta su destino y todos los sufrimientos que comporta, el modo como acepta su cruz le da la oportunidad, incluso en las circunstancias más difíciles, de proporcionarle un profundo significado a su vida.

Lo que Frankl demuestra de modo tan conmovedor es que no podemos controlar el mundo o lo que la vida nos ofrece, pero sí podemos controlar nuestras reacciones. Él sabía que si un sufrimiento carecía de significado, no sería capaz de sobrellevarlo y por eso fue capaz de crear algo positivo a partir de la peor de las experiencias imaginables. Si él pudo hacerlo, también tú y yo podemos crear algo de valor a partir de lo que la vida nos ofrece. Se trata simplemente de recordar que siempre tenemos la posibilidad de elegir.

La Biblia cristiana dice que la fe puede mover montañas. Lo que sabemos de verdad es que se puede añadir años a nuestra vida. Hay investigaciones que han probado, sin ningún género de dudas, que la oración puede acelerar la recuperación, tanto en quienes rezan como en aquellos por quienes se reza. Otros estudios prueban que la oración y una firme fe religiosa se relacionan con una vida más larga y saludable. Ya te he dicho que quiero que elijas con cuidado tu religión y te asegures de que se trata de una que te anima a crecer y a sentirte bien contigo mismo. Una religión que te haga sentir apoyado y positivo puede ser un reafirmante vital.

Un estudio sobre 28.000 personas, aparecido en la revista *Demography*, revela que los fieles que asisten a algún servicio religioso al menos una vez a la semana viven siete años más que quienes no lo hacen. Entre la comunidad negra, las expectativas de vida extra aumentaba hasta unos impresionantes catorce años más. Esta gente comparte la creencia de que Dios la protege y esto la anima a ser más optimista. Y estas creencias positivas la ayudan a vivir más tiempo. Sylvia McAndrews es un buen ejemplo del poder de la creencia. Después de que se le diagnosticara un cáncer de mama con metástasis en los huesos y que sólo le quedaban tres meses de vida, decidió peregrinar a Lourdes, en Francia, donde normalmente se curan los creyentes. Sylvia recuerda: «Recuerdo que el último día me encontraba en el suelo de la gruta llorando. Puse toda mi confianza en la Virgen y sentí una cálida sensación en mi columna vertebral y escuché una voz que me decía: "No te preocupes pequeña; todo irá bien"».

Lo que ocurrió después confundió a la comunidad médica. Sylvia se curó y le desapareció cualquier rastro de cáncer. «Alguna gente dirá que estoy completamente chiflada», admite Sylvia, «pero yo creo en la fe y en la oración.»

El poder del efecto placebo demuestra con brillantez el efecto que pueden tener las creencias. En América, un cirujano ofreció a diez pacientes una operación que mejorara su artritis de rodilla. Sólo cinco pasaron por una cirugía real. Los otros cinco sólo fueron sedados y se les hizo unas pequeñas incisiones en las rodillas para que pudieran creer que habían pasado por la operación. Seis meses después, ambos grupos informaron que el dolor artrítico había mejorado.

Este estudio suscita tantas cuestiones como las que surgen de un estudio sobre 180 personas que se está llevando en la actualidad. Otros muchos estudios mundiales han demostrado el efecto placebo de medicamentos y tratamientos, algo que está siendo tomado muy en serio por la comunidad médica.

Las creencias negativas son igualmente poderosas. Según los científicos de la renombrada Clínica Mayo, de Minnesota, el pesimismo es un factor de riesgo en la muerte temprana, tanto como el elevado colesterol o la obesidad. En su investigación, que hizo seguimiento de un grupo de 800 personas durante más de treinta años, comprobaron que sin tener en cuenta la edad o la secta a la que pertenecían, las personas más pesimistas tendían a morir antes que las optimistas.

Hay muchos ejemplos de cómo nuestras creencias moldean nuestras vidas e incluso la duración de la vida. En el resto de este capítulo empezaremos a explorar tus creencias, cómo están moldeando tu vida y cómo puedes elegir reemplazar aquellas que no te ayudan o benefician. Creo que has cogido este libro porque, en lo más profundo, has decidido que no te conformas con menos de tu potencial. No obstante, ahora debes elegir creencias que te ofrezcan posibilidades y oportunidades. No mereces menos.

LA NECESIDAD DE TENER RAZÓN

Todos los seres humanos necesitamos tener razón para darle sentido al mundo y sentir que controlamos nuestras vidas. Mientras reunimos nuestras creencias, reunimos la evidencia que les da apoyo. De este modo siempre que necesitamos defender nuestra posición sobre un tema particular, podemos echar mano de nuestra bolsa de evidencias y extraer la prueba que necesitamos.

Pero en realidad, muy pocas cosas en la vida son absolutamente buenas o malas. La mayoría de las veces, sólo adoptamos una creencia y nos apegamos a ella e interpretamos la vida y los acontecimientos de nuestro alrededor a la luz de nuestras creencias. Observa, por ejemplo, el modo como vemos a otra gente. Uno cree que la gente es básicamente decente y a su vez la gente creerá que es decente. Otro cree que la gente es egoísta y que sólo piensa en sí misma y, en cuanto tenga la posibilidad, le timará. ¿Quién tiene razón? Simplemente, aquel que decidas que tiene razón.

Cuando le mencioné a un amigo periodista lo conmovida que estaba porque mucha gente famosa ofrecía donativos a causas benéficas, su respuesta inmediata fue decir con sorna: «¡Ah!, te puedo explicar la razón: publicidad gratuita».

James cree que la gente sólo piensa en sí misma y puede demostrar su punto de vista con multitud de ejemplos. Para mí, ésta es una visión de la gente sumamente desalentadora que procuro evitar. La evidencia que busco y por la que acumulo evidencias es que la gente es básicamente buena y que es feliz de ayudar a los demás cuando puede. ¿Quién tiene razón? Cada uno de nosotros puede aportar casos que apoyen su posición. Inconscientemente, James está buscando la evidencia que necesita cada vez que lee el periódico, ve la televisión o mantiene una conversación. Yo hago lo mismo. Y esto ocurre porque conseguimos lo que esperamos o buscamos en la vida. Por ejemplo, yo no me fijé en las mujeres embarazadas hasta que estuve embarazada y, de repente, había embarazadas en cualquier sitio. Lo único que estoy señalando es que una vez que hemos elegido nuestras creencias, procuramos asegurarnos de tener razón y pocas cosas nos hacen dudar. Por eso tiene bastante sentido que elijamos las creencias que estén de nuestra parte y que nos ayuden a tener una vida fenomenal.

Puede ser que no hayas elegido conscientemente ninguna de las creencias que ahora profesas. De hecho, probablemente aceptaste la mayoría de ellas antes de ser suficientemente mayor para comprender el concepto. Pero la verdad es que puedes elegir cambiar algunas o añadir otras, de ahora en adelante.

Hace quince años, decidí darle la vuelta a mi sistema de creencias. En aquellos tiempos, yo vivía en un mundo completamente diferente del de ahora: en el mismo planeta, pero de un modo diferente. El mundo del que decidí formar parte era un lugar adusto, con gente que moría de hambre cada pocos segundos, con una terrorífica carrera que podía aniquilarlos en cualquier momento y con unos gobiernos crueles y sin corazón. Para reforzar esta perspectiva, leía libros que confirmaban esta filosofía, elegía amistades que pensaran como yo y discutieran agresivamente con cualquiera que no se mostrase de acuerdo. Cubría incluso las paredes de mi cuartucho con noticias de periódico sobre catástrofes, desigualdades y sufrimientos. Era una persona seriamente deprimida que se condicionaba a sí misma a centrarse en exclusiva en lo que estaba mal en este mundo.

Al cabo de dos años de este tipo de entrenamiento mental, estaba enferma y deprimida. Mi vida carecía de alegría o placer y mi sistema se sentía completamente intoxicado: mi perspectiva estaba envenenándome, literalmente. Las cosas llegaron al máximo con el concierto Live Aid, ese acontecimiento extraordinario que centró la atención mundial en el terrible sufrimiento de Etiopía. Muchas de las personas que me rodeaban lo consideraron cínico y desdeñaron a las celebridades que se involucraron en él, así como a todos aquellos que donaron dinero.

En ese momento me di cuenta de que tenía que salvarme. Estaba completamente exhausta y cada vez pasaba más tiempo durmiendo. Había alcanzado el punto en el que ya no me importaba si mis creencias eran buenas o malas. Sólo sabía que me estaban destruyendo y que tenía que encontrar otras nuevas que me permitieran sentirme entusiasta y optimista sobre la vida otra vez.

Me costó al menos dieciocho meses crear mi nuevo estado mental, tiempo que dediqué a asistir a cualquier curso del tipo «Vive» que pude encontrar, a leer libros y a escuchar grabaciones relacionadas.

Al cabo de algunos meses me sentí bien con la vida otra vez, con energía y con capacidad de crear la vida que realmente quería, una vida llena de entusiasmo, energía y éxito.

Ejercicio

Empieza a observar las creencias de quienes están a tu alrededor. Escucha cómo revela sus creencias la gente y cómo proporciona las evidencias que las apoyan. Si no muestran las evidencias, pregúntales sutilmente y enseguida aparecerán.

Observa qué creencias son limitadoras y pesimistas y cuáles optimistas y expansivas.

¿CUÁLES SON TUS CREENCIAS?

Ahora ha llegado el momento de clarificar tus creencias. Tendrás miles de creencias, pero sólo algunas estarán moldeando el mundo que has creado para ti mismo. ¿Qué creencias utilizas para guiarte? ¿En qué creencias basas tus decisiones? ¿Qué creencias te ayudan y te impulsan a seguir y cuáles te paralizan?

Ejercicio

Diviértete un poco. Dedica diez minutos a una sesión de *brainstorm* sobre las creencias que tienes sobre cualquier cosa. Escribe todas las creencias sobre las que puedas pensar, no importa cómo sea.

Ahora, haz dos listas separadas, una con creencias que transmitan energía para la acción y otra con creencias que no confieran.

Las que confieren energía son las que proporcionan combustible a tu vida, las que te impulsan a hacer y hacen que las cosas sean posibles. Las que no confieren energía te restringen y limitan.

Aquí tienes algunos ejemplos de creencias que no confieren energía:

- *La vida es una batalla.*
- *Si quieres algo, tienes que pelear por ello.*
- *La gente sólo piensa en sí misma.*
- *Una vez llegas a los cuarenta, todo va cuesta abajo.*
- *Nada es gratuito.*
- *Te haces rico si eres mezquino.*

Aquí tienes algunos ejemplos de creencias que confieren energía:

- *La gente es en esencia buena de corazón.*
- *Soy el tipo de persona que siempre encuentra el camino.*
- *La vida está para gozarla.*
- *Soy el tipo de persona con suerte y con «vida atractiva».*
- *Hay suficiente para todos.*
- *La gente buena puede hacerse rica.*

Utiliza algunos de estos ejemplos que puedes aplicarte y añade algunos propios. Ahora, subraya las creencias más poderosas de cada lista. Observa el efecto que tienen en tu vida y cómo las negativas o las que no proporcionan energía te han paralizado o te han hecho infeliz. Ésas son las creencias que voy a ayudarte a eliminar, reforzando las creencias que te proporcionan energía y añadiendo algunas nuevas que te ayudarán a alcanzar tus metas.

CÓMO CAMBIAR TUS CREENCIAS

Cambiar tus creencias o incorporar nuevas creencias es algo completamente posible que puede ocurrir en un sorprendente período de tiempo. En un par semanas, las creencias que han gobernado tus acciones y pensamientos a lo largo de los años pueden ser tiradas a la basura y pueden ser adoptadas otras nuevas. El aumento de cientos de cultos en todo el mundo es un ejemplo claro, aunque alarmante, de cómo la gente puede ser persuadida efectivamente para que adopte nuevas creencias. Algunos de los cultos más perniciosos están lavando el cerebro de los jóvenes que acaban por rechazar sus vidas y familias.

Ten claro qué es lo que quieres creer y responsabilízate de las creencias que elijas. Todo lo que te conduzca a confirmar esas nuevas creencias en tu pensamiento implica fuerza de voluntad y comprensión del proceso implicado. Ésta es mi guía en cuatro pasos para cambiar tus creencias:

PRIMER PASO: QUERER CAMBIAR

El primer paso esencial para cambiar tus creencias es querer cambiar. Las creencias son profundamente personales y moldean el modo como consideras tu propia vida y por eso puede ser muy difícil abandonarlas. Algunas veces me he encontrado con clientes tan unidos a una creencia que he tenido que presionarlos metódicamente antes de que pudieran comprender que se trataba de algo personal y no de una verdad absoluta. Si no están dispuestos a desprenderse de la creencia, me resulta casi imposible ayudarlos a conseguir resultados diferentes y más satisfactorios.

Historia de Dirk

Dirk era un joven que tenía grandes dificultades en todo lo que hacía. Cuando abandonó Sudáfrica para ir a Londres para trabajar durante dos años como entrenador de rugby, tuvo muchas dificultades para obtener el visado, a pesar de que amigos suyos que habían hecho lo mismo no habían tenido ningún tipo de problemas. Su traslado de Londres a Nueva York había tenido dificultades semejantes.

Cuando le pregunté a Dirk sobre sus actitudes, me di cuenta de que sus creencias sobre la vida eran: 1) nada es fácil; 2) si quieres algo, es mejor que pelees por ello; 3) cuanto más difícil, mejor el resultado; y 4) está allí, ve a buscarlo, pero será un trabajo duro.

Dick creía en el éxito, pero también creía que el éxito sólo vendría a cambio de un precio alto y que encontraría dificultades y conflictos y que tendría que batallar en cada uno de los pasos del camino. Por supuesto, a los veintinueve años Dirk tenía una vasta experiencia y evidencias que apoyaban sus creencias. Yo tenía curiosidad sobre las raíces de semejantes creencias, pero cuando Dirk me contó su historia todo se volvió transparente como el cristal. Dirk nació peleando, su nacimiento fue dificultoso en extremo y sobrevivió, pero no sin haber peleado. Después, a partir de los cuatro años, en la escuela padeció un despiadado *bullying* a causa de sus orejas de «murciélago». Sobrevivió gracias a que devolvió los golpes a los matones. Desde muy joven, Dirk creyó que era un batallador y un sobreviviente y semejante creencia iba a moldear su vida. Por eso su conducta era defensiva y beligerante. El éxito a través del encanto, el humor o la diplomacia nunca constituyó una opción.

La vida de Dirk era una larga autoprofecía cumplida. Conseguía exactamente lo que esperaba y sabía exactamente cómo responder. Cambiar su perspectiva fue imposible, pues estaba feliz; había llegado muy lejos y quería continuar con ella. Se daba cuenta de que otros de su alrededor llevaban una vida más fácil que la suya. Pero disfrutaba demasiado peleando como para dejar de hacerlo.

Lo que ilustra la historia de Dirk es que para cambiar una creencia es necesario ver las ventajas que te proporcionará el cambio. Has conseguido ser capaz de reconocer lo que no te ayuda. De hecho, te puede estar causando muchos problemas, y has conseguido ser capaz de ver que hay una alternativa que puede funcionarte de un modo más rápido y efectivo.

Segundo paso: creer es posible

El siguiente paso para cambiar una creencia consiste en abrirte a la posibilidad de que puede ser cambiada. Para proporcionarle algo nuevo a tu vida o ir hacia delante para conseguir algún objetivo tienes que permitir que eso sea posible. A menudo he oído a gente que dice que le encantaría creer en algo diferente, pero no piensa que eso sea posible. Son personas que consideran sus creencias actuales como hechos, sencillamente el modo como son las cosas, no modificables.

Si eso es lo que te ocurre, ahora mismo tienes que tomar la decisión de suspender tu escepticismo. Es algo de lo que te he hablado antes, así que la idea resulta familiar. No significa que en realidad tienes que creer que cambiar tus ideas es posible. A lo único que tienes que estar dispuesto es a poner tu escepticismo a un lado y darte la posibilidad de pensar que puedo tener razón al respecto. Esto te proporcionará el espacio necesario para ser flexible y permitir el cambio.

Te daré un ejemplo. En una ocasión entrené a una mujer llamada Joan para un artículo de una revista. Le pedí que describiera su vida ideal en un párrafo. Lo que escribió la llevó tan lejos de donde estaba que simplemente no creyó en la posibilidad de vivir una vida ideal. Cuando hablamos, me lo confirmó. Joan sentía que se tiene que aceptar el destino y que la mayoría de las cosas en la vida estaban fuera de su control. Realicé un verdadero esfuerzo para que empezara a creer que ella podía tener opciones sobre el tipo de vida que llevaba y empezar a crear el tipo de vida que quería.

Observa la creencia que guía la vida de Oprah Winfrey: «Yo no me veo a mí misma como la pobre y necesitada niña del gueto que consiguió algo. Me veo a mí misma como alguien que, desde muy pequeña, supo que era responsable de sí misma y que tenía que hacer algo bueno». Éstas son las palabras de alguien que está dispuesto a adoptar la responsabilidad completa para crear la vida que quiere, sin excusas de ningún tipo. Todo depende de ella, de nada ni de nadie más.

Ejercicio

Detente y pregúntate cómo te gustaría que fuese tu vida ideal. Es algo que no te llevará más de tres minutos. Si no lo haces inmediatamente, es que crees que tu vida ideal no es posible. Si necesitas más de tres minutos es que algo te está diciendo que no puedes llegar a tener ideas brillantes fácil y rápidamente.

En este momento, no te preocupes por los detalles. Sólo subraya tu vida ideal, así podrás empezar a adquirir el hábito de creer que lo que verdaderamente quieres es posible.

Practica cada día escribiendo tus versiones de una vida ideal durante los próximos siete días y guarda estas descripciones porque volveremos a ellas en otro capítulo.

Aquí tienes un maravilloso ejemplo de lo que las creencias pueden lograr. En mayo de 1954, Roger Bannister recorrió un kilómetro y medio en 3 minutos y 59,4 segundos. Los informes sobre este impresionante logro recorrieron el mundo, pues durante los cien años anteriores, los atletas habían intentado sin éxito recorrer un kilómetro en menos de cuatro minutos. Anthony Robbins, en su libro *Awaken the Giant Within* y otros científicos y médicos decían que no podía conseguirse algo así. Alegaban que el corazón humano reventaría y que los músculos y los huesos se rasgarían y romperían bajo la presión de semejante esfuerzo.

¿Qué es lo que hizo posible que Bannister consiguiera lo imposible? ¿Por qué consiguió aquello en lo que otros habían fracasado? La respuesta es bastante simple. Decidió dejar de lado la creencia global de que aquello no era posible y creer en su meta.

Es todavía más interesante si, cabe, ver lo que ocurrió después de que Bannister alcanzara su récord. Al cabo de seis meses, treinta y siete corredores consiguieron el mismo récord también. Y en los siguientes tres años, otros trescientos lo alcanzaron. ¿Cómo se explica algo así? ¿Repentinamente la fisiología humana había dado semejante salto? Por supuesto, no. Cualquiera de aquellos treinta y siete atletas era capaz de conseguir lo que había conseguido Bannister, pero estaban constreñidos por sus creencias de un modo en que él no lo estaba. En su diario, Bannister escribió:

> Me prepararé a mí mismo de modo cuidadoso y concentrado. Traté de establecer el récord con la actitud del ahora o nunca porque sabía que, a menos que tuviese éxito en alcanzar esta actitud, quizás perdería la oportunidad abandonándome a esa reacción mental tan común entre los atletas: esto es, pensar que siempre habrá una siguiente oportunidad para decidir, que quizás hoy no es el día.

¿Cuántos de estos treinta y siete atletas han estado cerca de conseguirlo antes que Bannister, pero no han dejado pasar la oportunidad cediendo a la creencia limitadora de que «hoy no es el día» o quizás pensando que era demasiado peligroso o que no era posible?

En cada ámbito de la vida, la diferencia entre un *recordman* y uno de los treinta y siete otros corredores que «casi» lo consiguen difícilmente puede explicarse por una diferencia de destreza o habilidad. De hecho, los galardones a menudo van a parar a personas con menos habilidad. Incluso puedes conocer a gente que obtiene resultados coherentes porque su falta de talento está compensada por deseos o creencias.

HISTORIA DE MARK Y JOHN

HACE POCO HICE EL ENTRENAMIENTO DE UN GRUPO DE VENDEDORES DE LA EMPRESA IT. MARK, UNO DE LOS JÓVENES CON MÁS ÉXITO, ESTABA DECIDIDO A AUMENTAR TODAVÍA MÁS SU RENDIMIENTO. SUS TÉCNICAS DE VENTA NO PRESENTABAN FALLOS, ASÍ ES QUE DECIDÍ ECHAR UN VISTAZO A SUS CREENCIAS SOBRE EL TRABAJO. Y ¡EUREKA!, CUANDO LE PEDÍ QUE ME HABLARA DE LO QUE SABÍA Y CREÍA SOBRE LAS VENTAS, UNO DE SUS COMENTARIOS FUE: «EL VIERNES ES UN MAL DÍA PARA LLAMAR A LOS CLIENTES».

ASÍ QUE NO IMPORTA CUÁNTAS TÉCNICAS LE PUEDA DAR A ALGUIEN QUE CREE ESTO, PUESTO QUE, DEBIDO A ESTA CREENCIA QUE LIMITA SUS HABILIDADES, SIMPLEMENTE NUNCA TENDRÁ ÉXITO LOS VIERNES. AUNQUE TENGA UN MAGNÍFICO DÍA, DESPRECIARÁ EL RESULTADO DICIENDO ALGO COMO: «BUENO, HOY TUVE SUERTE, PERO NO ESTOY SEGURO DE QUE PUEDA HACER LO MISMO LA PRÓXIMA SEMANA». CUANDO MARK SE DIO CUENTA DEL EFECTO DE SUS CREENCIAS Y DECIDIÓ CAMBIARLA POR «EL VIERNES ES UN MAGNÍFICO DÍA PARA LOS CLIENTES» CONSIGUIÓ AUMENTAR SU RENDIMIENTO.

OTRO JOVEN MIEMBRO DEL GRUPO DE VENDEDORES, JOHN, ME DIJO QUE QUERÍA SER EL MÁXIMO VENDEDOR DE LA EMPRESA. «¿QUÉ ES LO QUE TE DETIENE?, LE PREGUNTÉ. «NO LLEVO SUFICIENTE TIEMPO EN LA EMPRESA», ME CONTESTÓ. «NECESITO MÁS EXPERIENCIA.» EN CUANTO HUBO IDENTIFICADO SU CREENCIA, FUE CAPAZ DE CONTRARRESTARLA Y VER QUE LA FALTA DE EXPERIENCIA PODÍA SER INCLUSO UNA VENTAJA EN LUGAR DE UNA LIMITACIÓN. Y, POR SUPUESTO, VER QUE BAJO LA NUEVA LUZ, SU INEXPERIENCIA Y EL REFRESCANTE ENFOQUE QUE LE PROPORCIONABA, ERAN VENTAJAS.

Si estás dispuesto a reconocer las creencias que te limitan y creer que es posible cambiarlas, te abrirás a un nuevo mundo de nuevas y apasionantes posibilidades. Date la oportunidad de identificar la principal creencia limitadora que subyace en tu interior y que te paraliza.

Tercer paso: asumir responsabilidades

Si quieres llevar a cabo cambios reales, debes empezar a asumir responsabilidades sobre la vida que tienes ahora y las creencias que la han moldeado. No hay lugar para quejarse de las circunstancias o de otra gente en relación con la vida de ahora. La queja te paralizará y te hará sentir como víctima.

Asumir responsabilidades es liberarse. No significa quejarse sobre ti mismo por cualquier cosa que ahora no esté funcionando. Significa el reconocimiento de que puedes elegir cambiarlo y crear la vida que realmente quieres. No necesitas nada ni nadie para cambiar; no tienes por qué depender de otros o esperar a que te toque la lotería. Puedes seguir adelante y construir tu propia suerte ahora e ir a por lo que quieres sin aferrarte al pasado o sintiéndote ligado a él.

Asumir responsabilidades significa no más excusas. Hay un buen refrán que me gusta utilizar: «Puedes tener lo que quieres o buscar excusas por no tenerlo». Es así de simple. Las excusas son fáciles de encontrar, pero no son agradables cuando resultan ser un sustituto de la acción y el éxito. Así que deshazte de ellas y siente el bienestar de saber que el siguiente paso en realidad depende de ti.

Para animarte en este paso, observa las animosas creencias que te he pedido que escribieras antes. Escoge las tres más sólidas y admite cuánto te han ayudado a conseguir lo que querías en la vida. Decide hacerlas más sólidas y más efectivas a partir de ahora. Observa estas creencias como activos naturales que te ayudarán con cualquier cosa a la que quieras enfrentarte.

Cuarto paso: desarma tus creencias desmoralizadoras

Observa las tres creencias más desmoralizadoras de la lista que te he pedido que hicieras. ¿Estás dispuesto a confrontarlas y tomar medidas al respecto? ¿A no dejar que te limiten y te controlen más? ¿A rechazar pagar el precio que te piden? ¡Maravilloso!

Es el momento de poner en cuestión la validez de tales creencias, de cogerlas, sacudirlas y empezar a despreciar el poder que tienen para ti.

Ejercicio

Hazte las siguientes preguntas sobre cada una de esas creencias negativas:

1. *¿Cómo es de ridícula esa creencia?*
2. *¿De quién la cogí? ¿Todavía respeto a esa persona como lo hacía antes?*
3. *¿Cuánto me cuesta esta creencia regularmente?*
4. *¿Cuál será el coste a lo largo de plazo si no continúo con ella?*

Al hacerte estas preguntas, las creencias se debilitan. Quiero que sientas la influencia de estas creencias y que las debilites todavía más. Y después, decide deshacerte de ellas para siempre.

Ahora, toma cada una de estas creencias y reemplázala por la creencia opuesta. Por ejemplo, si tu creencia desmoralizante es «a los treinta y cinco soy demasiado mayor para cambiar de profesión», sustitúyela por «ésta es una edad ideal para cambiar de profesión, puesto que puedo proporcionar muchísima experiencia y talento en el nuevo trabajo».

Estoy convencida de que has entendido la idea. Y seguir con tus nuevas creencias es algo divertido, especialmente si las haces tan sólidas y moralizantes como puedas. Debilitar tus creencias desmoralizantes te conducirá a buscar evidencias para desaprobarlas. Por lo tanto, busca evidencias que sirvan para probar tus nuevas creencias. Por ejemplo, observa historias y ejemplos de personas que hayan empezado nuevas carreras a la edad de treinta y cinco.

Cuando hago esto con mis clientes, les pido que busquen intensivamente durante dos semanas y que me envíen pruebas de sus nuevas creencias. Y durante ese tiempo me inundan con recortes de periódico, artículos, encuestas e informes. Las evidencias ya estaban allí, pero mis clientes no las estaban buscando. En su lugar, estaban buscando evidencias que apoyaran sus antiguas creencias.

Recuerda que tus creencias poseen el significado que les otorgues. Asegúrate de que eliges creencias que están en consonancia con la vida que has elegido para ti mismo. En cada paso que des en la vida, pregúntate qué deberías creer para alcanzar el éxito. Y procura que tus nuevas creencias destaquen para que los demás puedan percibirlas y comentarlas. Decidí experimentar esto cuando elegí adoptar la creencia que conduce a una vida agradable. ¡La elegí simplemente porque sonaba tan bien! En realidad, me centré en creer que ése era el tipo de persona que yo era naturalmente. Y alguien tardó dos semanas en reaccionar. En una conversación dijo: «Ah, bueno, eso está bien para ti. Tú tienes una vida atractiva». No hace falta decir que estuve absolutamente encantada.

Historia de Victoria

Victoria vino a mí porque quería una relación exitosa y duradera. Victoria era brillante, divertida y cálida, y tenía una carrera de éxito, pero sus relaciones con los hombres eran un desastre. Era madre soltera de una niña de siete años y sólo había tenido relaciones amorosas breves e insatisfactorias. Si ellos no la dejaban al cabo de pocas semanas, ella los dejaba.

Cuando hablamos, pronto me di cuenta de que Victoria tenía todo tipo de prejuicios sobre los hombres. Su padre había abandonado a la familia cuando ella contaba cinco años dejándole la creencia de que cualquier hombre del que se sintiera cerca, la abandonaría.

Veía a los hombres como alienígenas: difíciles de entender, a los que tenía que acercarse con precaución y casi segura de que la dejarían caer. Le señalé que estas creencias estaban detrás de su conducta con los hombres, que también influían tanto en su elección de hombres que no eran en realidad interesantes y que la abandonarían como en su distanciamiento de aquellos que en realidad querían vincularse a ella. Empezamos por adoptar para Victoria unas nuevas y saludables creencias y por rechazar las viejas por ridículas y falsas. Victoria trabajó duramente para hacerles sitio a las nuevas creencias. Cada día se miraba a sí misma en el espejo y decía: «Tengo una relación con un hombre cálido, amoroso, honesto, abierto, romántico, estupendo, responsable y comprometido que me adora».

Al cabo de un mes Victoria colocó un anunció en la sección de contactos de una revista y empezó a quedar

CON HOMBRES. INMEDIATAMENTE PASÓ DE LOS DOS PRIMEROS HOMBRES CON LOS QUE SE ENTREVISTÓ, AL RECONOCER QUE SÓLO ESTABAN INTERESADOS EN RELACIONES CIRCUNSTANCIALES Y NO RESPONDÍAN A LO QUE ELLA BUSCABA. EL TERCER HOMBRE CON EL QUE SE ENCONTRÓ RESULTÓ SER UNO QUE SE AJUSTABA PERFECTAMENTE A SUS NUEVAS CREENCIAS. AHORA VICTORIA ESTÁ FELIZMENTE CASADA CON ÉL Y TIENEN UN HIJO.

¿CUÁLES SON TUS EXPECTATIVAS?

Ya te has decidido a cultivar aquellas creencias que se ajustan a lo que quieres en la vida. Así que ahora, para completar la fotografía, quiero que analices las expectativas que te acompañan —que están basadas en tus creencias— y que se proyectan en el mundo. Como nuestras creencias, las expectativas tienen la manera de devolvernos con exactitud lo que esperamos.

Observa estos ejemplos para ver si te resultan familiares:

- *Los conductores de Porsche son arrogantes.*
- *Aparcar será una pesadilla.*
- *Los hombres buscan mujeres jóvenes.*
- *Las mujeres quieren hombres ricos.*
- *La vida es demasiado buena, algo malo está a punto de suceder.*
- *En cualquier lugar puede haber accidentes.*
- *Demasiado bueno para ser verdad.*

Pregúntate qué dos expectativas tuyas se han hecho realidad. Tienes un montón de expectativas en donde escoger porque las expectativas nos desbordan; algunas son triviales y otras moldean nuestro destino. Recuerda que tu mundo es personal; está coloreado por tu percepción y por todo lo que estás condicionado a ver, seleccionar y racionalizar. Así que tus expectativas se cumplirán. El mundo en que vives está ampliamente determinado por lo que ocurre en tu mente.

Marco Aurelio, gran sabio y filósofo romano dijo: «La vida de un hombre es lo que sus pensamientos hacen de ella». Ralph Waldo

Emerson, el filósofo americano más importante, dijo: «Un hombre es lo que piensa mientras está despierto». Estos dos hombres se dieron cuenta de que las creencias, los pensamientos y las expectativas que mantenemos se realizarán a través de las condiciones físicas de nuestro mundo.

En una ocasión compartí una casa con otros cinco estudiantes en un suburbio londinense. La zona tenía un alto porcentaje de robos y mis compañeros de piso estaban obsesionados por el robo. Nuestra casa parecía una fortaleza, con barrotes en las ventanas y alambradas en el muro del jardín. ¿Cuál fue la casa más asaltada del barrio? Sí, la nuestra, por supuesto. Mis compañeros de piso calculaban cuándo se suponía que iba a tener lugar el siguiente robo y bastantes veces acertaban.

Cuando me fui de aquella casa, me entrené para tener expectativas sólo de paz y seguridad. Viví en el mismo barrio durante cinco años más, sin barrotes en las ventanas ni alarmas y no me robaron nunca más.

Recuerdo haber hablado con una cliente mía americana sobre su desprecio por el servicio en los restaurantes, tiendas y hoteles ingleses. Me daba cuenta de por qué se sentía así cada vez que estaba con ella, particularmente segura de que no habría servicio suficiente allí donde ella estuviese. Estaba claro que su tono de voz altivo, imperativo e irritable no ayudaba; ella proyectaba su propia irritación, frustración y confusión en quienes estaban a su alrededor, y eso es precisamente lo que le era devuelto.

Le sugerí que empezara a esperar buenos servicios, cuidados y amabilidad de las personas con quienes entrara en contacto en hoteles y restaurantes y que se mostrara paciente y fuera amable con ellos. Estuvo de acuerdo con ello y en lugar de reaccionar con enfado y resentimiento, empezó a enviar pensamientos y mensajes cariñosos a los conserjes y dependientes y a esperar que fuesen amables y serviciales. Este cambio de conducta y expectativas transformó su vida y empezó a recibir una atención excelente allí donde iba. Como escribió la escritora Anaïs Nin: «No vemos las cosas como son, sino como somos».

GRANDES EXPECTATIVAS

Hace poco leí fascinada un experimento en una clase con niños de nueve años. A una maestra nueva se le dijo que un pequeño grupo de niños estaba particularmente dotado. Los niños no sabían nada del asunto. Al final del experimento, los niños «dotados» habían obtenido significativamente mejores resultados que el resto de la clase. La maestra comentó lo muy receptivos que habían sido y lo muy gratificante que había sido enseñarles. De más está decir que se quedó estupefacta cuando se le dijo que el grupo «dotado» no estaba más dotado que el resto de la clase y que había sido elegido al azar. El grupo elegido había obtenido mejores resultados porque eso era lo que se esperaba de él; y su actitud hacia esos estudiantes obedecía a unas expectativas más conscientes y ellos reaccionaron para alcanzarlas.

Piensa en tus propios días escolares. ¿Cumpliste las expectativas que tenían tus padres y maestros, tanto si eran altas como si eran bajas? ¿Se esperaba que fueras bueno en determinadas materias? Nuestras expectativas de la gente moldean la forma como la tratamos y su respuesta.

Uno de mis clientes era un joven empresario de una compañía que estaba creciendo rápidamente y que era la comidilla de la industria. El personal de su empresa estaba continuamente asediado por las empresas rivales debido a su brillante desempeño laboral. Pero cuando un miembro pasaba a una empresa rival, su rendimiento resultaba decepcionante. Le pregunté al director de personal por qué pensaba que ocurría algo así. No vaciló en responder. Él tenía a su personal en la máxima consideración, explicó. Tenía las máximas expectativas acerca de ellos y a menudo les mostraba su respeto, por lo que ellos respondían cumpliendo con las expectativas. Se trata de algo tan simple como esto.

Una de las razones por las que mis clientes obtienen buenos resultados es porque eso es lo que espero de ellos. Les pido lo máximo de sí mismos y por lo tanto empiezan a pedir lo máximo de sí mismos. Qué vida más deprimente y decepcionante nos esperaría si no tuviésemos grandes expectativas para nosotros mismos. Espera lo mejor, de la vida y de ti mismo.

Ejercicio

¿Cuáles son las cinco expectativas conductoras de tu vida? ¿Cómo estás moldeando tu destino ahora mismo en relación con estas expectativas? Completa las siguientes frases:

Una de mis expectativas acerca de la vida es...

Realiza lo mismo cuatro veces y después completa la siguiente frase:

La expectativa más sólida que tengo respecto a la vida es...

Si todas son grandes, entonces *felicidades*, tú te estás impulsando hacia un futuro emocionante. Pero si tus expectativas te están llevando hacia un futuro menos atractivo, entonces ha llegado el momento de cambiarlas.

Asegúrate de que revisas tus expectativas con regularidad, tanto las relacionadas con los asuntos cotidianos como las relacionadas con grandes temas. Tanto si estás en un momento de espera como si emprendes una nueva profesión, recuerda que tus expectativas se cumplirán a sí mismas.

ESPERA MÁS

Quiero que hoy tomes la decisión de vivir con una «expectativa positiva» en tu vida. Comprométete positivamente esperando lo que quieres y no lo que no quieres. Aprovecha tu gran poder mental y atrae a tu vida a la gente y las respuestas y resultados que quieres. Haciéndolo, te liberarás de muchas luchas, resistencias y dificultades que muchas personas encuentran en sus vidas cotidianas. La vida no tiene que ser «de este modo». Puede ser del modo como quieres que sea, si estás dispuesto a comprometerte con rotundidad y a seguir los pasos necesarios para obtener los resultados que quieres. Éste es el desafío. Y no cometas el error de darte una paliza a ti mismo cuando aceptes el compromiso. Simplemente estoy sugiriendo que te comprometas tanto como puedas, y más responsablemente, para que puedas influir en cada aspecto de tu vida con más fuerza.

Si quieres probar el poder de las expectativas, inténtalo con los aparcamientos. Hace años tomé la decisión de esperar lo mejor en relación con las plazas de aparcamiento y anticipar su hallazgo con facilidad y sin esfuerzo. Nunca hablo de esto a las personas con quien estoy, pues sus expectativas de encontrar dificultades con el aparcamiento debilitarán mis propias expectativas positivas. No obstante, mis compañeros a menudo se maravillan de mi increíble buena suerte al encontrar justo un lugar donde yo necesito que esté. Inténtalo tú. La próxima vez que necesites un lugar para aparcar deja de lado tus dudas, imagínatelo con claridad en tu mente y espera encontrarlo. Cuanto mejor sea, mejores resultados obtendrás.

TU PLAN DE EXPECTATIVAS POSITIVAS

Aquí tienes mi primer paso del plan para vivir con expectativas positivas. Aplícalo rigurosamente, con entusiasmo, energía y optimismo y ¡observa los resultados!

PRIMER PASO: ESTÁ ALERTA

Quiero que observes cada una de tus nuevos pensamientos, expectativas y palabras tan cerca como puedas. Piensa sobre las consecuencias de cada uno de ellos. Descarta los débiles y sin brillo, que te conducirán a resultados decepcionantes.

Recuerda que el conocimiento es poder. Si pasas por tus días y tu vida completamente ajena al papel que te toca representar, limitarás seriamente tus posibilidades para crear los resultados que quieres. Así que ten cuidado con lo que dices, haces y crea expectativas para cada situación.

Por ejemplo, si te vas a una fiesta espera que la gente esté encantada de verte. Espera gustarles y que quieran hablar contigo. Si lo haces así, te mostrarás abierto, relajado y atractivo.

Carole Stone, en un tiempo de su vida dolorosamente vergonzosa y ahora reina británica de los medios de comunicación, explica del siguiente modo: las claves para tener una larga fila de estrellas esperando participar en sus fiestas mensuales y su éxito para reunir a gente: «Siempre asumo que le voy a gustar a las personas, no porque yo sea maravillosa, sino porque ellos me gustan. Siempre me quedo ligeramente sorprendida si ellos dicen que no, pero entonces me sueno la nariz y se me pasa».

SEGUNDO PASO: VIGILA TUS CONCLUSIONES

Todos nosotros formamos nuevas expectativas en respuesta a los acontecimientos de nuestras vidas. Es importante que tengas conciencia de ellas y te cuides de aquellas expectativas que crearán resultados que no quieres. Por ejemplo, si tienes una mala experiencia con algún albañil, no decidas, como hace mucha gente, que no se puede confiar en un albañil porque todos ellos engañan. No generalices a partir de uno o dos ejemplos. Recuerda que hay muchos buenos y honestos albañiles que trabajan bien si es que quieres atraer a uno de ellos la próxima vez; guarda tus expectativas en positivo.

TERCER PASO: PERMANECE ALEGRE

Permanecer alegre y sentirse feliz, confiado y optimista sobre el futuro es una gran meta. Aunque este enfoque sea a menudo despreciado por falta de realidad, como si fuese mejor opción esperar problemas y decepciones. Recuerda que tus expectativas crean tu realidad. Así que adopta la acción apropiada para aprovechar los resultados que quieres y permanece resolutivamente alegre y enfocada hacia el resultado positivo mientras actúas.

¿Recuerdas lo mucho que consigues cuando te sientes confiado y enérgico y calientas los motores? El entrenamiento para ser el tipo de persona que ve la jarra medio llena en vez de medio vacía es en, realidad, la base de la terapia cognitiva, el tratamiento psicoterapéutico más popular y probado para la depresión. Basado en el sentido común de que la depresión es causada, en parte, por pensamientos erróneos, la idea consiste en decirle al paciente que salga de su lógica pesimista habitual. Si crees que eres un perdedor absoluto porque simplemente has suspendido tu examen de conducir, el terapeuta te dirá que esto no tiene sentido puesto que has conseguido el éxito en otras muchas cosas. Al paciente se le animará a combatir los pensamientos recurrentemente pesimistas reemplazándolos sistemáticamente por aquellos que sean optimistas. Al menos veinte estudios autorizados han demostrado la efectividad de la terapia cognitiva, particularmente en comparación con otras formas de análisis y psicoterapia.

Cuarto paso: sé agradecido

Cultiva una actitud de agradecimiento. En este momento tienes muchas razones para estar alegre. Piensa en diez de ellas. Aprecia tus circunstancias, tus amigos, los detalles de tu vida. Es demasiado fácil concentrarse en lo que hemos perdido, en lo que no tenemos. Pero esta actitud cultiva la ansiedad, que da al traste con tu salud y tu bienestar mental y emocional. La gratitud hace lo contrario. Cultiva la buena salud y la disposición serena, así como el estar en buena disposición para la experiencia.

Todos nosotros conocemos personas que parecen ajenas a la riqueza de sus vidas; sólo ven lo que no tienen y no aprecian nada, aunque hayan conseguido mucho. Elige no ser una de ellas. Adéntrate en el hábito de ser agradecido por lo que tienes en este momento.

Éste es un estado mental, una actitud, que no tiene nada que ver con lo mucho o poco que se tiene o que se ha conseguido. Cada noche, antes de irte a dormir, haz una lista de veinte cosas por las que estás agradecido. Es una habilidad y la práctica lo perfecciona. Muy pronto pensarás de este modo todo el tiempo.

Quinto paso: elige amigos optimistas

Es muy difícil mantener una actitud positiva y optimista hacia la vida si estás constantemente rodeado de gente que no tiene la misma perspectiva. De hecho, es imposible. No tienes que abandonar a los amigos pesimistas y que normalmente esperan lo peor, pero debes limitar el tiempo que pasas con ellos y aumentar el que pasas con los vitalmente optimistas. La gente es contagiosa y sus actitudes te afectan. A medida que incrementes tu optimismo y entusiasmo, puede ser que terminen por irradiarte aquellos de tu alrededor que no compartan tu perspectiva. Por otra parte, algunos de ellos pueden decidir que tu perspectiva les gusta y unirse a ella.

Cuando decidí cambiar mi forma de vivir y mi modo de pensar según una perspectiva deprimente y sin esperanza, me alejé de todos mis conocidos. Sólo fui capaz de mantener amistad con una sola persona y pasé mucho tiempo sola. No tenía modo de liberarme de mi viejo punto de vista si continuaba relacionándome con personas que todavía lo mantenían.

Probablemente tu situación no es tan dura. Mucha gente tiene amigos de todos los tipos. La cuestión es que es muy importante la gente con la que pasas el tiempo.

Todos nosotros poseemos una vibración personal, ampliamente determinada por la naturaleza de nuestros pensamientos. Si trabajas para cambiar tu perspectiva sobre la vida, tu vibración personal cambiará. Es lo que se conoce como aura, un campo energético que rodea tu cuerpo. ¿Suena extravagante? No lo es. Una enorme cantidad de terapias han probado que existe y que incluso puede ser fotografiada. Las auras fluctúan y cambian, según la naturaleza de nuestros pensamientos y el estado de nuestras emociones y nuestra salud en un momento dado. Si alteras tu perspectiva, tu aura se modificará. Si tú reajustas tu frecuencia, puedes encontrarte con que ya no compartes la misma longitud de onda que algún otro. Ésta es la razón por la que nos distanciamos de alguna gente y también la razón por la que sentimos una fuerte atracción por alguien que acabamos de conocer. Podemos sintonizar con él sin esfuerzo, cuajamos.

Las personas pesimistas son siempre muy agotadoras. Estar con ellas hace que te sientas inexplicablemente cansado o derrotado. Mira a tu alrededor y descubre a quienes son eficaces en la vida, a quienes no la hacen difícil y a quienes son resolutivamente optimistas y alegres. Proporciónale a tu vida más influencia de ellos.

TU TAREA

Sé tu propio adivino; pronostica tu propio futuro. Tienes el poder de adivinar los resultados mucho más de lo que nunca creíste. Observa la conexión entre lo que haces ahora y lo que ocurrirá en el futuro. Opta por grandes expectativas para ti. Ten fe en ti mismo y esboza una lista de creencias animosas y expectativas brillantes para tu vida, para ahora y para el futuro.

Activa, dales validez y proporciona a tu vida cinco de esas creencias y cinco de esas expectativas y, en el próximo mes, haz que formen parte de tu mundo. Predice y planifica para ti un destino perfecto.

Y RECUERDA...

Las creencias tienen el poder de crear o destruir.

> *Deja de buscar excusas y responsabilízate de tu vida.*
>
> *Si quieres vivir más, sé optimista.*
>
> *Elige creencias que funcionen y encuentra evidencias que las prueben.*
>
> *Cree que puedes hacer lo que quieras y lo harás.*

6

¿Qué es lo que quieres hacer y qué vas a hacer al respecto?

Vamos a repasar lo que hemos hecho hasta aquí. Ya hemos echado un vistazo a tu autoimagen, tu autoestima, tu autoconfianza y a tus creencias y expectativas sobre tu vida. Hemos fortalecido tus recursos internos y hemos aumentado tu salud psicológica.

He pasado algún tiempo con este trabajo preliminar porque la creencia en uno mismo, que acompaña todos los aspectos con los que hemos tratado, es la llave maestra para hacer realidad los cambios en tu vida y para que sean profundos y permanentes. Para ir por la vida sin luchar demasiado o tener demasiada agitación tienes que creer en ti mismo sin lugar a dudas. Para realizar un salto de gigante hacia delante, como estás a punto de hacer, tienes que tener muchas reservas de autoconfianza y recursos internos. Para realizar los pasos necesarios para crear tu vida ideal es necesario un salto de confianza, y un salto de confianza requiere seguridad y valor.

Tu destino está moldeado por tu autoimagen porque el modo como te ves a ti mismo determina tus expectativas. A su vez, tus expectativas determinan tu conducta, que tendrá un resultado particular. En otras palabras, el resultado que obtengas será el que crees que mereces, y estará en consonancia con tu autoimagen.

Por ejemplo, si te ves como un ganador esperarás grandes cosas para ti y por lo tanto tendrás perseverancia para conseguir tus propios objetivos, aunque las cosas se te resistan o se conviertan en un desafío. Por esta razón, alcanzarás más éxitos que fracasos. Tu éxito confirma, ante ti mismo y también ante los demás, que realmente eres un ganador.

Al contrario, si te ves como un perdedor, esperarás muy poco para ti mismo y abandonarás en cuanto un desafío se cruce en tu camino. Por esta razón, tendrás más fracasos que éxitos, lo cual confirmará el modo en que te veías a ti mismo como un fracaso.

Así que ahora que te has elegido como un ganador y has creado una autoimagen de persona segura de sí misma, ha llegado el momento de que pases al siguiente estadio: el desafío de definir tu vida ideal y de emprender acciones para vivirla.

Como dijo el tercer presidente de los Estados Unidos en una ocasión: «Nada puede detener a un hombre con la actitud mental correcta para conseguir su meta; nada en la tierra puede ayudar a un hombre con la actitud mental inadecuada».

Cuanto mejor te sientas sobre ti mismo, más atrevida será tu visión. Un gran plan necesita de ti una gran persona, con recursos interiores ilimitados, cantidades de seguridad y autoconfianza y buena voluntad para levantarse cuantas veces sean necesarias para conseguir lo que quiere. La vida, por lo tanto, es mucho más divertida cuando sabemos que las únicas limitaciones son las que proceden de nuestros propios potenciales. En este caso, si eliges dejar de lado aquellas limitaciones, puedes conseguir absolutamente cualquier cosa que quieras. En este capítulo voy a ayudarte a que tengas claro cuál es tu ideal de vida y después voy a animarte a que emprendas acciones para crearlo por ti mismo, justo aquí y ahora.

TU VIDA IDEAL

Quiero que crees una visión de tu vida ideal, una imagen precisa del modo como quieres vivir, de la gente que quieres a tu alrededor, el trabajo que haces y del estilo de vida que te gusta. La vida es demasiado corta y preciosa como para malgastarla viviendo una vida que no te gusta o que ves como un compromiso. Si no es divertida y desafiante, no es suficientemente buena para ti. Es el momento de resolver lo que necesitas cambiar, de poner en su lugar o de crear.

Cuando vivas tu vida ideal, o estés en camino hacia ella, estarás haciendo tu propia aportación a un mundo de paz y felicidad. Estarás añadiendo tu propio ingrediente a la olla global. Hablamos de la paz como si fuese algo ajeno a nuestras vidas o que está fuera del mundo o que deben crear los políticos. Pero un estado de paz y felicidad empieza en el interior de cada uno de nosotros. Si quieres cambiar el mundo, empieza por ti mismo. Empieza por tu propia vida. Haz lo que tú quieres ver a tu alrededor, tanto directa como globalmente. Cuando estés viviendo tu vida ideal, estarás más feliz y saludable, más sereno; tendrás más energía; serás más jovial y aparentarás menos años y te sentirás años más joven. Vivirás más porque amarás el modo como vives. Quiero que planifiques una clara visión de cada aspecto de tu vida, así como los objetivos para conseguirla. Es lo mínimo que mereces.

CONÓCETE A TI MISMO

Para crear una visión de lo que genuinamente te haría feliz, debes ser completamente honesto y sincero contigo mismo. Necesitas conocerte y comprenderte bien.

No caigas en la trampa de pensar que una vida ideal es simplemente una en la que seas fabulosamente rico, vivas en una inmensa casa y conduzcas un coche más elegante que el de cualquier otro. Montones de personas tienen todo esto y continúan estando infelices e insatisfechos.

La imagen que quiero que crees es una en que la vida funcione en realidad para ti. Por supuesto, puedes incluir seguridad económica, pero éste es sólo un factor. ¿Cómo quieres pasar el tiempo? ¿Qué es lo que te guía? ¿Qué desafíos te entusiasman? Quiero que pienses en una vida en la que te guste lo que estés haciendo y que exprese tu única individualidad. Una vida equilibrada, en la que dispongas de tiempo para los amigos y la familia, la relajación, la salud y la diversión. Una vida libre de las presiones que te llevan a quemarte, a la extenuación y la enfermedad. Se te ha pasado el momento en que la vida ideal significa simplemente más dinero. Hay mucha gente que le está dando la espalda a elevados sueldos cuando suponen trabajar un montón de horas bajo presión. Gente que se está dando cuenta de que lo que realmente importa es disfrutar de la vida, tener una buena relación amorosa y hacer lo que realmente quiere hacer, más que lo que se debe hacer.

Como dijo en una ocasión un hombre sabio: «Nunca estés demasiado ocupado ganando dinero en lugar de vivir la vida». Y vivir la vida, según parece, se está convirtiendo en algo más y más importante para nosotros.

Un informe reciente, encargado por Lloyds TSB, un banco británico, mostró que dos tercios de los británicos reducirían felizmente el salario extra ganado en los ascensos si pudiesen enriquecer sus vidas personales. El informe decía: «Parece ser que la gente prefiere concentrarse en la construcción de relaciones personales sólidas y en divertirse en lugar de pasar tiempo en la oficina».

La persecución de éxito material es sólo una opción. Quiero que aprecies las otras muchas opciones que también tienes. Así que olvídate de tu estar en el mundo y concéntrate en tu mundo interior. Te proporcionará dividendos de oro.

Un antiguo corredor de bolsa de la City (el centro del distrito financiero de Londres), llamado Nick Probert, es un gran ejemplo de alguien que estaba ganando 250.000 libras al año. Tenía una gran casa, un Ferrari y sus dos hijos iban a escuelas privadas. Pero hace tres años Nick, exhausto y quemado por el interés que le producía el tipo de trabajo y las horas que le dedicaba, decidió abandonarlo.

En su lugar, se hizo pintor y decorador, cambió su Ferrari por una furgoneta y su enorme salario por unas modestas 10.000 libras anuales. Él y su esposa tuvieron que vender la casa y sacar a los niños de la escuela privada, pero no tienen quejas.

Nick dice: «Tenía éxito, pero me había convertido en un extraño en mi propia casa. Dejar el trabajo fue el mejor cambio que nunca hice. Aunque parezca una locura, creo que tengo más éxito ahora que nunca antes. Mi idea del éxito, mi carrera, no proporcionaba felicidad, ni a mí ni a mi familia. Ahora veo lo poco que significa para mis hijos tener un padre con un trabajo importante, si nunca estaba en casa».

Nick reorganizó sus prioridades y encontró el valor para vivir su vida ideal. Estamos viviendo apasionantes tiempos de cambio cuando muchos de nosotros nos estamos cuestionando nuestras prioridades y nos damos cuenta de que hay muchas más opciones en relación con el modo de vivir. Muchas personas están modificando sus ideas sobre la vida y lo que en realidad es ideal.

He tenido varios clientes que han tenido miedo de perder el prestigio si dejaban el elevado trabajo en el que estaban involucrados. La única respuesta es ver más allá de lo que los demás piensan, y tener una opinión propia es lo único que cuenta.

Como dijo Martin Luther King Junior: «Si un hombre está llamado a ser barrendero, barrerá calles, del mismo modo que Miguel Ángel pintaba o Beethoven componía. Barrerá las calles tan bien que los seres celestiales y terrestres se detendrán para decir que aquí vivió un gran barrendero que hacía muy bien su trabajo».

Para ahora mismo y ofrécete el regalo de imaginar tu vida ideal. Deja a un lado tus preocupaciones y descríbela, en no más de diez líneas. En este estadio, no te preocupes por los detalles, puesto que sólo se trata del primer borrador.

MOMENTO DE CRECER

A lo largo de este libro he enfatizado la importancia de que adoptes conscientemente más responsabilidades para que obtengas más resultados en tu vida, así como para que elijas el tipo de persona que quieres ser y tu actitud ante la vida. Ahora quiero que vayas un poco más allá y adoptes la responsabilidad total para que crees activamente los resultados específicos que deseas. Hacer esto constituye un gran desafío puesto que supone haber crecido de verdad. Cuando creces, en el sentido más amplio, abandonas el echarle la culpa de las insatisfacciones que puedas sentir a cualquier otro. Te conviertes en tu propia persona y no necesitas la aprobación de tus padres o de nadie más para elegir el tipo de vida que quieres.

Yo me he dedicado a trabajar como *coach* exitosamente con gente de treinta y cuarenta años que todavía no había crecido en sentido pleno. Algunas de estas personas eran hombres y mujeres adultos que se resistían al desafío de vivir sus propias vidas y que habían elegido en su lugar vivir, a la sombra de sus padres o de su familia, una vida ideal a los ojos de otros, pero no necesariamente a sus propios ojos.

He conocido hombres y mujeres mayores que todavía guardan rencor hacia sus padres o profesores por no haberles proporcionado el coraje necesario o un adecuado inicio en la vida. Les he señalado que estuvieron con sus padres únicamente los primeros dieciocho años, algunos más, de sus vidas y que han tenido al menos veinte años para tomar las riendas de sus propias vidas.

En tanto que adulto puedes proporcionarte a ti mismo aquello que te faltó durante la infancia. Puedes convertirte en tu propio padre y tu propio campeón, dándole sentido a tu propia vida. Tomar tus propias decisiones y vivir con las consecuencias y tener una responsabilidad total sobre tu vida es un fantástico y verdadero paso a realizar para hacerse mayor.

Los mitos reflejan a menudo verdades profundas sobre la naturaleza y la psicología humanas, y los mitos de diferentes culturas a menudo presentan grandes similitudes. Uno de las más comunes, que es posible encontrar en casi todas las culturas, es el mito del viaje, en el que el héroe se propone ir en busca de su destino. Siempre hay terribles obstáculos que se incorporan en su camino, símbolos de los ritos de paso y desafíos a los que cada ser humano se enfrenta en el camino de su autorrealización.

El héroe siempre tiene que dejar a su familia, a menudo con tristeza y dolor. Éste es el reflejo de una verdad universal: a fin de convertirte en quien tienes que ser, debes dejar atrás tus inicios.

A veces el héroe regresa a su familia, transformado y enriquecido y, cuando esto ocurre en la vida real, como sucede a menudo, la relación es sutilmente alterada, de modo que el antiguo niño regresa como un igual de sus padres. Todo crecimiento implica decir adiós para decir hola. Despedirse, ya sea del núcleo familiar, de una relación infeliz o de un trabajo seguro pero aburrido, puede parecer difícil, pero a menudo tiene que liberarse una parte de la vida antes de que una nueva pueda ocupar su lugar.

Recuerda que al hacerte mayor y elegir tu propio camino vital estás llevando a cabo tu viaje en tanto que héroe, con todos los desafíos, descubrimientos, despedidas y triunfos que supone. Haciéndote mayor, te harás libre.

Ejercicio

¿Cuán mayor eres tú? ¿Cuán libre eres para tomar decisiones que reflejen que en realidad quieres salir a la vida y demuestren quién eres en realidad? ¿Todavía les echas la culpa a tus padres o te quejas de cualesquiera otras figuras de tu infancia?

Completa las siguientes afirmaciones. Si te parece, realiza dos veces el ejercicio, una para cada uno de tus padres. También lo puedes hacer para otras figuras significativas de tu vida o de tu escuela:

1. *Echo la culpa a mis padres por...*
2. *Me quejo de mis padres por...*
3. *No puedo perdonar a mis padres por...*
4. *Lo que desearía que hubiesen hecho...*
5. *El efecto en mi vida ha sido...*

Este ejercicio será iluminador porque muchos de nosotros todavía tenemos resentimientos y rencores encharcados en la niñez. Toma la decisión, ahora mismo, de dejarlos ir, porque lo único que hacen es paralizarte e impedir que tomes la responsabilidad de tu vida y realices la vida que quieres. Completa la siguiente afirmación para cada uno de tus resentimientos, rencores o quejas:

Ahora elijo perdonar a mis padres por...

Por malos que hayan sido tus inicios en al vida, es el momento de trascenderlos y cortar los restos de cordón umbilical que te conectan a ellos. Cuando rompas conscientemente esos lazos, olvidándolos y dejándolos marchar, serás libre para ir hacia delante. Recuerda que tus padres te criaron lo mejor que pudieron con los recursos que tenían. Echarles la culpa no tiene mucho sentido.

Pregúntate a ti mismo lo siguiente: *¿Qué cambios haría si adoptara la responsabilidad completa para crear mi propia felicidad y la vida que quiero?*

Haz una lista de cinco cambios que harías.

Decide activar uno de esos cambios, ahora mismo. Haz hoy algo al respecto y convierte en prioridad empezar a hacer este cambio en los siguientes siete días.

Cualquiera que sea el problema que hayas tenido que resolver, depende de ti sacar de él lo mejor y empezar a hacer tu vida lo mejor que puedas. Recientemente acabo de cruzarme con dos personas que demuestran claramente la diferencia de actitud entre echar la culpa a los demás de los inconvenientes y tomar la responsabilidad completa para crear una vida ideal.

Justine trabajó para mí hace algunos años como representante del buen funcionamiento de las actividades. Era una persona encantadora, pero propensa al atolondramiento. Cuando le comenté el asunto, ¡le echó la culpa a sus padres! No bromeo. Me explicó que su vida estaba arruinada por el hecho de que sus padres la habían enviado a una «progresista» escuela de la pedagogía de Rudoph Steiner, donde, según creía, no había suficiente disciplina y orden. Esto, combinado con una vida hogareña bohemia y relajada, sentía Justine, había tenido como resultado su estilo desorganizado. ¡Se vería obligada a mantener esta actitud durante toda su vida! O al menos así lo sentía ella. A pesar de que Justine tenía veintiséis años y podía elegir cualquier cosa, tanto continuar desorganizada o aprender a organizarse mejor por sí misma.

Shehwar Shah, por otra parte, era un joven que había tenido una infancia verdaderamente desfavorecida. Él y sus hermanos le tenían pánico a su padre, que se había marchado y había dejado a su madre con grandes deudas y cuatro hijos que criar. La madre trabajaba como costurera y tenían poco dinero. Shehwar tenía catorce años cuando empezó a robar y a los diecisiete fue declarado culpable de robo y sentenciado a tres años y medio de reclusión en una institución de menores.

Durante los primeros meses, Shehwar permaneció echado en su litera, solo y deprimido, escuchando un torrente de insultos de otros prisioneros. Pero un año después de la sentencia, Shehwar decidió hacer algo con su vida. Empezó a estudiar y al cabo de dieciocho meses obtuvo una titulación que le permitió matricularse en la universidad para estudiar psicología y criminología, que empezó en cuanto salió de la prisión.

«No quiero volver a la cárcel», dice, «pero el estar allí ha sido lo mejor que podría haberme ocurrido porque fue allí donde aprendí lo que era capaz de hacer».

Ahora, Shehwar, con veintidós años, está estudiando y soñando con casarse y con una familia. Y su madre, después de haber criado a sus hijos, está estudiando Derecho. Podría decirse que Shehwar tenía todas las cartas en su contra. Podía haber elegido el camino de la autocompasión, de la realización de un crimen tras otro o de echarle la culpa a cualquiera de su alrededor. En su lugar, decidió adoptar la responsabilidad, hacerse mayor y crear una estupenda vida para sí mismo.

Como Justine y Shehwar, tú puedes elegir y, del mismo modo, buscar excusas o seguir adelante con una buena vida.

CREER ES POSIBLE

Si alguien como Shehwar pudo cambiar su vida, sin amargura ni autocompasión, cualquiera puede. Shehwar está en su camino, viviendo su vida ideal. ¿Lo estás tú? Y si no, ¿por qué no? Los clientes a menudo se desconciertan cuando les pregunto esto. Piensan que estoy bromeando o siendo fantasiosa y se asombran cuando se dan cuenta de que lo que digo absolutamente en serio. Muchos de nosotros tenemos horizontes muy limitados. Hemos sido condicionados a pensar de manera tan rígida que hasta desestimamos contemplar una vida ideal como si retratase de «construir castillos en el aire» o como tener la actitud de «Pollyanna».

¿Qué has decidido que es imposible en tu vida? ¿Qué es lo que te has dicho que está fuera de tu alcance? ¿Dónde has trazado la raya entre lo que es posible y lo que no lo es? ¿Cuán resignado estás a soportar ciertos aspectos de tu vida? ¿Qué aspectos son ésos?

Para realizar cambios debes empezar a creer que cualquier cosa es posible y volver a trazar la raya entre lo posible y lo imposible. Puedes cambiar tu trabajo, tu casa, tu relación, tus niveles de estrés, tu modo de enfocar la vida o tu salud. Empieza permitiéndote a ti mismo creer, hoy, que lo que quieres es posible, alcanzable y que te lo mereces.

La historia de Richard

Richard vino a mí cuando lo despidieron por reducción de plantilla en la empresa de inversiones inmobiliarias para la que trabajaba. Durante mucho tiempo había deseado trabajar por cuenta propia y se había sentido profundamente insatisfecho en el trabajo. Su sueño real era convertir edificios abandonados en zonas prósperas de Londres en estilísticos centros recreativos.

Enseguida me di cuenta de su talento para descubrir la localización perfecta y la compra en el momento apropiado, así como la capacidad para hacer la mezcla perfecta de inversores y administrador el proyecto entero desde el inicio hasta el final. Su entusiasmo era contagioso y sus aptitudes, obvias. Richard tenía muy claro lo que quería, aunque me dijo que pensaba que tenía tantas posibilidades de hacer esto como de que le tocase la lotería.

La fantasía de Richard era encontrar una compañía o un individuo que compartiera sus puntos de vista y que pudiera permitirse ponerle una buena oficina en el centro de Londres, con un auxiliar administrativo, un buen salario y que le diera participación en la empresa, comisión en los acuerdos y plena libertad para encontrar los emplazamientos y transformarlos.

Pero richard era incapaz de ver cómo podía ocurrir esto en el mundo real. Así que le pedí que suspendiera su incredulidad, considerara su sueño como una posibilidad real e hiciera todo lo posible para encontrar la empresa o el individuo que buscaba.

Al cabo de un mes había descubierto un anuncio en un periódico inmobiliario. Un pequeño consorcio estaba buscando a alguien con experiencia y las cualidades de Richard. Casi no podía creer lo que había leído. Richard se encontró con su nuevo colega durante una comida en un exclusivo hotel de Londres; se trataba de un hombre que había vendido un negocio próspero y que, aun-

QUE PASABA LA MAYOR PARTE DEL TIEMPO EN ESPAÑA, ESTABA MUY INTERESADO EN EL DESARROLLO INMOBILIARIO DE LONDRES.

EL ACUERDO FUE EXCELENTE Y EL NEGOCIO DE RICHARD FUNCIONA EN UNA DIRECCIÓN ADECUADA EN EL CENTRO DE LONDRES. PERCIBE UN GENEROSO SUELDO, CONSIGUE EL VEINTICINCO POR CIENTO DE LOS INTERESES DE LA EMPRESA Y COMISIONES DE LOS ACUERDOS Y TIENE TODO EL CONTROL Y LA LIBERTAD QUE BUSCABA.

AUNQUE SE DAN CASUALIDADES COMO ÉSTA, RICHARD NUNCA LA HUBIESE VISTO SI NO HUBIESE ESTADO DISPUESTO A CREER QUE SUS CONSECUENCIAS PERFECTAS ERAN POSIBLES.

LIMPIA EL PASADO

Antes de empezar con la tarea de dar paso a nuevas ideas, cosas y personas, es preciso que les hagas sitio. Y eso significa hacer limpieza de lo que no usas, necesitas o te gusta. Si estuvieras rediseñando tu nueva casa, tendrías que sacar las cosas viejas y anticuadas antes de colocar nuevos muebles. Pasa lo mismo con tu vida. El revoltijo, ya sea físico o emocional, quita espacio y bloquea el camino para las cosas nuevas en tu vida. Así que sé implacable dejando marchar lo que ya no necesitas.

Pon tu casa en orden. Es imposible pensar con claridad cuando estás abarrotado de cosas. Mira a tu alrededor. ¿Hay montones de libros, vídeos, CD, cartas, papeles, vestidos o adornos que ya no utilices? Todo esto socava tu energía. Busca un día para limpiar y ve habitación por habitación, armario por armario, busca en el garaje o en el cobertizo. Vende, tira o envía tan lejos como puedas todo lo que no necesitas. Llevamos, como promedio, sólo el quince por ciento de la ropa que guardamos en los armarios. Si no te has puesto algo desde hace un año, líbrate de ello.

Haciendo esto te sentirás con más energía y más preparado para seguir adelante. Disfruta teniendo menos; no es necesario que vuelvas a llenar el espacio. Rodéate de los objetos que te gustan.

Ahora, sigue con tu lugar de trabajo y haz lo mismo si trabajas en casa; ten tu propio estudio o simplemente ten un despacho y un espacio en un estudio más amplio. Mantén tu zona de trabajo limpia y despejada. Asegúrate de que tus brazos pueden llegar a cualquier cosa que necesites.

Una vez hayas terminado con tu casa y tu trabajo, sigue con tu vida. ¿A qué o a quién necesitas decir no? ¿A qué o a quién toleras o con qué o quién te llevas bien? ¿Ha llegado el momento de terminar con una relación que te seca o te chupa la energía? ¿Ha llegado el momento de dejar un trabajo? ¿O de rechazar a alguien con quien te has sentido obligado? A veces, los revoltijos en tu vida son más difíciles de localizar que los desórdenes físicos de tu casa. Pero es igualmente importante limpiarlos. Puede dar miedo la idea, pero también encontrarás un gran alivio.

Ejercicio

Completa la siguiente afirmación:

Algo a lo que estoy dispuesto a decir no en mi vida ahora mismo es...

Repite esto cinco veces o más, en caso necesario.

Ahora toma el ítem más sencillo de tu lista y dale prioridad. Empieza eliminándolo de tu vida ahora mismo. Lo único que necesitas hacer es decirle no y recordarte a diario tu compromiso. Puede ser que se trate de algo, como un hábito, a lo que le tengas que decir no repetidamente. Así que date la vuelta y escribe cada día:

No voy a tolerar más...

Si se trata de un hábito, te puede llevar algunas semanas romper con él, pero si perseveras lo romperás con él. Si se trata de un asunto más profundo, como la insatisfacción en tu trabajo o en una relación, necesitarás seguir un plan de acción. El mero acto de definir lo que funciona, y escribirlo, significa el inicio del camino del cambio. Lo único que necesitas es seguirlo, paso a paso.

Historia de Andrea

Andrea acudió a mí quejándose de su vida atolondrada y repleta de actividad. No disponía de un minuto para sí misma y necesitaba ganar algún dinero extra para arreglar el techo de su casa. Andrea estaba felizmente casada y tenía un hijo de nueve años. No tenía un trabajo, pero se había creado una vida en la que daba vueltas en círculos intentando cumplir con todos sus compromisos. Andrea no podía decir no a nada ni a nadie; era una ayudadora compulsiva. Llevaba la contabilidad de la parroquia, era encargada de la asociación de padres de la escuela, ayudaba en secretaría y la abría para que la aprovecharan algunos padres.

Evidentemente Andrea tenía que aprender a decir no, pero la idea la llenaba de ansiedad. De hecho, ni siquiera disponía del vocabulario para decir no. No tenía ni idea de cómo acometer el asunto. Le tuve que enseñar las palabras y las frases que podía utilizar.

Gradualmente empezó a utilizarlas y a ordenar su vida. Le dijo a otros padres que ya no podía hacerse cargo de abrir la escuela cada día y les sugirió, en su lugar, hacer rotaciones, cosa que le permitió disponer de tres mañanas a la semana. También se deshizo de algunas otras responsabilidades y se sintió aliviada al comprobar que las personas no se enfadan por ello. Muchas de ellas lo aceptaban con bastante alegría.

Andrea sintió un gran alivio y fue capaz de ordenar suficientemente su vida como para encontrar un trabajo de media jornada y así ganar el dinero suficiente para arreglar su nuevo techo, así como para reservar algún tiempo para sí misma regularmente.

¿PARA QUÉ FIJAR OBJETIVOS?

¿Para qué preocuparse de fijar objetivos? ¿No significa dejar el lado divertido de la vida, el elemento de sorpresa de esperar a ver lo que está al volver la esquina? ¿O la confianza en lo que se supone que te brindará en vida el destino? A menudo me hacía esas preguntas, así que vamos a dejarlo claro ahora mismo. Siempre nos fijamos metas, tanto si nos damos cuenta como si no. De hecho, ahora mismo estás viviendo tus objetivos. Sea lo que sea lo que estés haciendo, tanto si se trata del resultado de decisiones que has realizado antes como si se trata de acciones que has decidido o no llevar a cabo.

Lo que quiero es que tengas claro, que seas consciente, de las elecciones que tienes por delante en tu vida, en lugar de que dependas de las elecciones encubiertas con las que mucha gente vive. Por eso muchas personas dicen que no saben de lo que quieren deshacerse en la vida en un plazo de uno a cinco años. Tienen una idea muy vaga de adónde van. Y esto se convierte en su decisión sobre la vida, navegan entre la niebla, y le echan la culpa a algo o a alguien si las cosas no salen como esperaban.

Quiero que te sientes en el asiento del conductor y te conduzcas hasta el sitio donde quieres llegar en realidad. Quiero que disfrutes del viaje y que estés deseando llegar a tus diversos destinos.

Estar en el asiento de atrás de tu propia vida no es algo suficientemente bueno para ti. En su lugar, decide dártela por completo, vivirla a tope y apreciar lo preciosa que es. Si necesitas alguna evidencia más para alimentar tu resolución, habla con personas mayores que están casi al final de sus vidas. La mayor parte de ellas te dirá: «No des la vida por supuesta, no pierdas ni un minuto; aprovecha las oportunidades y disfruta de todo». Te hablarán de las cosas que no les salieron del todo bien y de las que harían si pudieran volver a empezar. Mirar hacia atrás y quejarse de las oportunidades perdidas y de las elecciones desperdiciadas es descorazonador, aunque mucha gente lo hace. Elige ahora no ser una de ellos.

Mi punto de vista respecto a la fijación de objetivos es que te proporciona la oportunidad de tener una clara visión sobre tu vida, de tomarte a ti mismo y a tu vida con seriedad y de elegir lo que quieres. Abandonar tu vida y tu futuro al destino es evitar la responsabilidad total sobre ti mismo y los desafíos de tu vida.

A menudo la religión es utilizada para justificar la inacción, y la intervención divina utilizada como una excusa para evitar los cambios.

No obstante, la idea de que Dios correrá en el momento oportuno es autosuficiente y absurda. La Biblia dice que Dios ayuda a quienes se ayudan a sí mismos y está llena de historias sobre personas sabias y ejemplares que aprovechan las oportunidades que les han sido dadas. La obtención de ayuda divina, desde fuera, o de cualquier otro tipo, es inestimable para alcanzar objetivos. Pero es muy diferente a cruzarse de brazos y esperar a Dios, a Fortuna o a cualquier otro que venga a llamar a la puerta.

Mi experiencia me dice que cuando tienes claro los objetivos y empiezas a actuar en consecuencia, atraes apoyo y asistencia de todo tipo. Goethe, el filósofo y escritor del siglo XIX, lo dijo de forma muy bella:

> Hasta que uno no se compromete hay indecisión, la posibilidad de dar marcha atrás, siempre ineficiencia. En relación con todas las iniciativas hay una verdad elemental, cuya ignorancia mata incontables ideas y planes interminables. A partir del momento en que uno se compromete definitivamente, la providencia también se mueve. Ocurren todo tipo de cosas que van en su ayuda y que de otro modo nunca hubiesen ocurrido. La decisión provoca todo un río de acontecimientos, todo tipo de incidentes y encuentros imprevistos, así como material de asistencia que ningún hombre hubiese nunca soñado que llegaría de ese modo. Por poco que puedas hacer o soñar, empiézalo. La audacia conlleva genio, poder y magia. Empieza ahora.

A lo largo de este libro te he animado a escribir tus metas y hay una razón importante para hacerlo. No sólo las hace más claras, sino que hace que parezcan reales y aumenta enormemente tus posibilidades de conseguirlas. Aquí tienes una sensacional ilustración del porqué.

Hacia el año 1979, la Universidad de Harvard hizo un estudio. Se preguntó a los licenciados de la Harvard Business School lo siguiente: «¿Cuántos de ustedes tienen objetivos claros y escritos y han hecho planes para cumplirlos cuando dejen la universidad?».

El tres por ciento había escrito sus objetivos, el trece por ciento tenía objetivos no escritos y el ochenta y cuatro por ciento no tenía objetivos. Diez años después volvieron a la investigación para ver qué es lo que estaban haciendo aquellos estudiantes. El tres por ciento de los estudiantes que habían escrito sus objetivos estaban ganando, o valían, diez veces más que el otro noventa y siete por ciento.

Cuando tienes objetivos muy claros, te diriges hacia ellos automáticamente. Te conviertes en una especie de misil teledirigido; a su vez, recibes respuestas que te ayudan a mantenerte en marcha o hacer los ajustes necesarios, pero siempre tienes aquellos objetivos en tu campo de visión.

Piensa en una paloma mensajera. La puedes alejar cientos de kilómetros de su casa e, infaliblemente, encontrará su camino de vuelta hacia el lugar de donde procede. Piensa en ti mismo y en tus objetivos de la misma manera. Sabes lo que tienes que hacer para alcanzarlos y estás en el camino, volando con claridad y rapidez hacia lo que quieres ser.

LA GUÍA PARA LA FIJACIÓN DE LOS OBJETIVOS

Aquí tienes mi guía para que te fijes tus objetivos de un modo claro y efectivo.

Mantén la confianza en tus objetivos

Es crucial que mantengas la confianza en tus objetivos. Atenúas y debilitas tu conducción a partir del momento en que hablas demasiado sobre ellos, pues tu energía te lleva a hablar sobre ellos en lugar de alcanzarlos y te abres a reacciones desalentadoras. Sólo compártelos con alguien que esté en una situación parecida y que tenga sus propios objetivos. Nadie compartirá tu búsqueda de éxito; de hecho, alguna gente puede reaccionar contra ello si le llamas la atención sobre su propia insatisfacción e inseguridad. En una ocasión Bette Midler dijo: «El único problema del éxito es encontrar gente que se alegre por ti». Ella se refería al gran éxito hollywoodiense; cuando alcanzas el éxito en semejante nivel, tiendes a tener un pequeño círculo de amigos íntimos, los únicos que realmente se alegran por ti.

CONSTRUYE UNA RED DE ÉXITO

Trata de descubrir a las personas adecuadas de las que rodearte. El doctor David McClelland, de la Universidad de Harvard, se dedicó durante veinticuatro años a la investigación sobre el éxito y el rendimiento y su conclusión fue la siguiente: tu grupo de referencia, la gente con la que te asocias regularmente, determina ampliamente tu éxito o tu fracaso en la vida. Concluyó que el noventa por ciento de todo lo que te ocurre en la vida estará determinado por las personas con las que te asocias regularmente. Empiezas a pensar, marchar, actuar, vestir y hablar como ellas y compartes las opiniones de quienes te rodean la mayor parte del tiempo. Así que la asociación con la gente que piensa como tú es vital a la hora de realizar cambios exitosos. Elige tus relaciones cuidadosamente. Te recomiendo que busques dos o tres personas para formar un pequeño grupo, con la intención de que os proporcionéis apoyo y solidaridad unos a otros y para que celebréis vuestros éxitos. Llámalo, si te parece bien, tu grupo de objetivos o tu grupo de momento, por ejemplo. Después, redacta algunas normas y mantenlas a salvo, confidenciales y constantes, y diviértete encontrándote con estas personas en lugares estupendos. Tener a otros que te animen es algo maravilloso.

HAZ QUE TUS OBJETIVOS SEAN INTELIGENTES

Tus objetivos deben ser INTELIGENTES, esto es, específicos, mensurables, ambiciosos, realistas (¡cuidado con éste!) y temporizados. Así, por ejemplo, no es bueno tener un objetivo para ser «más feliz». Necesitas definir lo que esto significa para ti: trabajar menos horas, quizás, o disponer de más tiempo para ti mismo, etc. Después, detalla lo que esto implicaría: más tiempo para ti mismo puede significar media hora al día o una hora y tres días a la semana. Con este tipo de claridad puedes empezar a planificar lo que quieres y trabajar a pequeña escala sobre cómo conseguirlo.

No dejes que el realismo se convierta en una excusa para minimizar tus objetivos. Hazlos soberbios y ambiciosos. Asegúrate de que cualquiera que sea la meta a la que aspiras, se trate de una que realmente creas que puedes conseguir, aunque sepas que tendrás que esforzarte para conseguirla.

Mantén el entusiasmo

Tus metas deben mantenerte entusiasmado, de otro modo no conseguirás la guía y la motivación para conseguirlas. Sabrás que son lo bastante excitantes cuando experimentes energía suficiente y renovado optimismo. Incluso si te despiertas en la mitad de la noche rebosante de ideas, tendrás la energía suficiente para levantarte a la mañana siguiente, porque la excitación te levantará.

Recuerdo haber llamado a mi hermano Brain a las nueve y media de la noche y haberlo encontrado todavía trabajando. «¿No estás cansado?», le pregunté. «¿Por qué debería estar cansado?», me contestó. «Si ahora estuviese en una fiesta no me sentiría cansado; estoy pensando un buen rato, así que ¿por qué debería sentirme cansado?». No es necesario decir que a Brian le encanta su trabajo.

Objetivos emocionales llenan de combustible tu imaginación. Se te presentarán ideas y opciones que nunca hubieses considerado sin ellos. Recuerdo a uno de mis clientes quejándose de lo mucho que le costaba levantarse por las mañanas. Me preguntó si podría ayudarle. Mi respuesta fue simple: teníamos que encontrar buenas razones para salir de la cama. No tiene nada que ver a la fuerza de voluntad, sino con razones emocionantes para levantarse. El filósofo y emperador romano Marco Aurelio escribió: «No es a la muerte a lo que el hombre debería temer; debería tener miedo de no empezar nunca a vivir».

Ejercicio

Hazte las siguientes preguntas:

1. *¿Qué harías o qué cambiarías en tu vida si mañana te tocase la lotería? OK, ¿qué harías después de este largo período de vacaciones?*

2. *¿Qué es lo que siempre has querido hacer en la vida pero que has tenido miedo de intentar?*
3. *¿Qué actividades, a través de tu vida, te han proporcionado la sensación de logro más grande?*
4. *¿Qué harías si supieses que no puedes fallar?*
5. *¿Cuáles son ahora los tres objetivos más importantes de tu vida?*
6. *¿Qué harías, en qué emplearías tu tiempo si supieras que sólo te quedan seis meses de vida?*
7. *Si tu vida fuese perfecta en todos los sentidos, y también tú, ¿cómo te parecería?*

Estupendo. Ahora ya tienes una idea clara de la vida que te gustaría vivir y de los objetivos por los que te gustaría trabajar.

TUS OBJETIVOS PERSONALES

Bien, ha llegado el momento de tomar nota sobre algunos de tus objetivos más estimulantes. Volvamos a ese escenario de la vida ideal que te pedí esbozar antes, en este capítulo. Léelo y empieza de nuevo y empieza otra vez, usándolo como punto de partida para una descripción más detallada. Recuerda que tus objetivos deben ser retadores pero realistas y creíbles para ti mismo. También necesitas objetivos a corto plazo y objetivos a largo plazo.

Antes que nada, mímate a ti mismo incluyendo lo que realmente, te gustaría en tu vida y a esa lista dale el nombre de «Mis cinco metas soñadas». Piensa en ellas como recompensas completas y ponles una fecha o un tiempo en el que te gustaría tenerlas.

Ahora, tómate el tiempo que necesites para describir tu vida ideal. Realiza una *brainstorming* y escribe todo lo que te venga a la mente, sin ningún orden particular. No tienes por qué ser preciosista o demasiado detallista en este estadio. Cuando hayas terminado, vuelve sobre el asunto y observa las categorías que puedes identificar. Mis sugerencias son: salud, carrera, economía, familia, profesión, comunidad y sociabilidad.

Coloca cada una de ellas en compartimientos separados y después aumenta la lista hasta diez objetivos para cada área.

Una vez hayas hecho esto, toma los cinco objetivos más interesantes de cada categoría y escríbelos otra vez por separado. Iniciar acciones en demasiados objetivos al mismo tiempo puede abrumarte y difuminar tu energía. Ahora, coge cada uno de los objetivos y decide hasta dónde te gustaría llegar en el plazo de tres años, después en el plazo de un año, de seis meses, de tres meses, de un mes y de una semana.

Si sólo pudieses conseguir un objetivo de cada categoría, ¿cuál sería?

Señálalos y préstales atención preferente o tratamiento especial. Estos serán tus objetivos muy importantes (VIG, por las siglas en inglés *Very Important Goals*). Después ordena los otros en una lista: segundo, tercero.

EMPRENDE LA ACCIÓN

Ahora ha llegado el momento de iniciar una acción, inmediata y decisivamente; así estarás en tu camino. Te estás entrenando para orientar tus acciones y aprendiendo lo que se siente al estar verdaderamente vivo y despierto en relación con tu verdadero potencial.

La acción es vital. Es muy fácil soñar sobre las metas cuando no se hace nada o se planifica postergar la acción a mañana. Al hacer algo ahora mismo, hoy, te hallas en el camino del éxito.

Repasa tus objetivos cada noche y léelos por la mañana. Actualiza tu posición una vez a la semana a fin de tener un plan de acción nuevo a la semana. Asegúrate de que cada semana logras los objetivos que te has propuesto y marca los conseguidos.

Actualiza los objetivos de cada mes, también, y los de cada año. No temas ser flexible. Puedes cambiar de idea, adaptarlos y cambiar la dirección según te convenga.

Recuerda que tu meta final es la felicidad. El proceso de fijación de objetivos no pasa por poner plazos y planificar la felicidad, sino por conseguir la felicidad ahora mismo, sabiendo que te hallas en el camino y teniendo un plan que se materializa día a día y satisfaciendo, sintiéndote pleno y emocionado. Quiero que aumentes tus reservas de felicidad, tanto para ahora como para el futuro.

Finalmente, si titubeas, recuerda esta cita del indio americano Agua Limpia: «No te encuentres al final de tu vida pensando que no has vivido. Muchos, cuando llega el momento de abandonar la tierra y echan la mirada hacia atrás ven el gozo y la belleza que ya no podrá ser suya porque tuvieron miedo de vivir».

La fortuna sonríe a los que tienen valor. Cuando te comportes como alguien de la elite, viviendo sin miedos, podrás sentir que eres uno de los pocos en este mundo que sobresale, de los que están despiertos y alertas, de los que están viviendo realmente.

TU TRABAJO

Hoy quiero que hagas algo que deberás empezar para cada uno de tus primeros objetivos. Llamar por teléfono, ir al gimnasio, acordar una reunión, empezar a investigar las posibilidades, hablar con la persona adecuada; sea lo que sea que necesites hacer, *inicia la acción* y haz que esto ocurra.

Después, quiero que cada día realices una acción que te dirija hacia tus metas, rechazando los titubeos, las vacilaciones o las dudas. Si estás dispuesto a realizar una acción inmediata y continuamente, no puedes fallar.

¡Hazlo!

Y RECUERDA...

Necesitas saber cuál es tu vida ideal para vivirla.

Elige verte como un ganador que no abandona.

Renuncia a echarle la culpa a cualquiera o a cualquier cosa por lo que no funciona en tu vida.

Recógete y marcha contigo mismo cada vez que lo necesites.

Realiza elecciones claras y conscientes sobre lo que quieres en tu vida.

Inicia acciones para hacer que tus metas se realicen.

7

Haz el trabajo que te gusta y disfruta del trabajo que haces

Lo que quiero observar en este capítulo es tu vida laboral. Para mucha gente, el trabajo es como una esclavitud, una parte del día que debe ser tolerada y con la que acarrear. Para otros, el trabajo está bien, pero no es nada especial; se pasa el tiempo, proporciona dinero y, aunque no les apasione, tampoco lo odian. Sólo a un pequeño y tremendamente afortunado porcentaje de personas le gusta el trabajo que realizan, se levantan cada día deseando ir a trabajar para conseguir la recompensa y la gratificación que les proporciona. Estas personas saben lo que significa sentirse realizadas por completo, tener un propósito, ser influyentes y vivir cada uno de los aspectos de sus vidas con plenitud. Esto no significa, por supuesto, que sean adictos al trabajo o que pasen toda su vida trabajando. El trabajo no debe ser toda tu vida, ni siquiera la mayor parte de ella. Pero el trabajo debe ser algo valioso.

Trabajar no es simplemente ganar dinero para vivir o ni siquiera realizar algo útil. Un trabajo valioso, satisfactorio y enriquecedor es vital para el bienestar del alma humana. Trabajar es algo normal y natural, no una carga impuesta por la sociedad. Realizar un trabajo satisfactorio supone conocer tu propio valor y saber que estás aportando algo a las vidas de otros, tanto como a tu propia vida.

Evitar el trabajo, cuando eres capaz de hacerlo, o realizar un trabajo que sólo es soportable, supone ignorar tus propias habilidades y potenciales y malgastar tu talento y tus recursos.

Si estás realizando un trabajo que no te gusta, estás realizando el trabajo inadecuado. Es tan simple como eso. Es muy fácil justificar el permanecer en el trabajo inadecuado con todo tipo de razonamientos. Aquí tienes algunos de los más comunes que utiliza la gente: da dinero, es conveniente, se trata de un negocio familiar, nunca conseguiré ningún otro trabajo, estoy acostumbrado a él.

Hay muchas excusas que puedes utilizar para estar donde estás, pero si tu trabajo no te emociona ni te ilusiona, esas excusas sólo te sirven para esquivar tu verdadero potencial y determinación.

Ejercicio

Coge bolígrafo y papel y escribe las respuestas a las siguientes cuestiones.

No pienses sobre ellas, sólo escríbelas según vayan viniendo a tu mente.

1. *Las cosas de mi trabajo que me gustan son...*
2. *Las cosas de mi trabajo que odio son...*
3. *Trabajo en esto porque...*
4. *Los talentos que utilizo en mi trabajo son...*
5. *Los talentos que no utilizo en mi trabajo son...*

Los resultados te indicarán claramente si estás realizando el trabajo adecuado. Si las ventajas no sobrepasan los inconvenientes en, al menos, diez dígitos, éste no es tu trabajo ideal.

POR QUÉ NECESITAS TRABAJAR

Por más bienintencionado que sea, el moderno Estado del bienestar, con su amplio despliegue de beneficios sociales, ha extendido la enfermedad de la dependencia crónica que ha atrofiado la vida de un amplio número de personas capaces. Demasiada gente cree que es aceptable, e incluso adecuado, depender de un estado que la mantenga. Y la consecuencia desastrosa, para cada una de estas personas, ha sido el debilitamiento de la autoconfianza y la autoestima, la erosión de la creencia en sí mismas y la creencia en aumento de que son inútiles e incapaces de nada.

Cuando empezamos a depender de instituciones y de ayuda externa para mantenernos, estamos destruyendo nuestro potencial para el éxito y la realización. El escritor escocés Samuel Smiles, que ya en el año 1866 había escrito el *best seller Self-Help*, lo puso en términos adecuados cuando dijo: «La ayuda a partir de la nada tiene a menudo efectos debilitadores, pero la ayuda desde dentro indudablemente tonifica. Cualquier cosa que se haga por los hombres, hasta cierto punto, les lleva el estímulo y la necesidad de hacer algo por sí mismos, y cuando los hombres están sometidos a una sobreorientación y sobregobierno, la tendencia inevitable es que, por comparación, terminen sin recursos».

Hoy las cosas están cambiando y gobiernos sucesivos, tanto de Reino Unido como de Estados Unidos, están reconociendo las masivas deficiencias del Estado del bienestar y, en su lugar, están llevando a cabo políticas que obligan a la gente a que vuelva a confiar en sus propios recursos.

En Estados Unidos, algunos estados han adoptado la política de «hundirse o nadar» y han retirado el pago de la asistencia social después de años de recibirlo. Los críticos predijeron un desastre social, con cientos de familias en la calle, pero esto no ha ocurrido. Las familias se han apoyado, han encontrado y la gente ha echado mano de sus propios recursos y ha encontrado soluciones.

Ni por un momento estoy sugiriendo que deberíamos abandonar la responsabilidad social hacia aquellos que realmente lo necesitan. Debemos preocuparnos de los vulnerables, los enfermos, los ancianos y los niños. Y podríamos ser incluso muchísimo más generosos hacia estos sectores de la comunidad rechazando proporcionar rentas a personas capaces que podrían estar trabajando. Con las necesidades cubiertas por el Estado, sin la necesidad real de trabajar y sin el incentivo de tener que iniciar acciones, mucha gente está viviendo como imposibilitada y a menudo sin esperanza.

La opinión pública británica se está haciendo intolerante con este tipo de dependencia. La telenovela más popular en el Reino Unido, *Coronation Street*, trata de un personaje, Les Battersby, que se queja de estar en el paro y cobrar del Estado, pero está realizando un trabajo a tiempo parcial. Antes de que empezara a televisarse la telenovela, dos mil personas a la semana informaban de que conocían a gente que estaba haciendo lo mismo. Después empezó la telenovela, la cifra subió a cuatro mil, y todavía queda más gente.

Algunas culturas incluidas la judía y la asiática, enfatizan la autoconfianza y la capacidad de trabajar duramente como características vitalmente importantes. Ambos grupos están preparados para trabajar largo y duramente para establecerse y suministrar lo necesario para sus familias. Ambos consideran un deber familiar cuidarse los unos a los otros. En estas culturas, los niños están rodeados de ejemplos positivos de autoconfianza, iniciativa y trabajo.

La diferencia entre estas culturas, con su floreciente y positiva creencia en el trabajo, y algunos sectores de la sociedad occidental —donde el trabajo se ha convertido en una desconocida y sólo aletargada y depresiva prosperidad— es obvia. El trabajo importa, y no sólo por la necesidad de ganar dinero. Como Anita Roddick, fundadora de Body Shop señala claramente en el libro *Trade not Aid*, lo que la gente necesita son recursos y ayuda para mantenerse a sí misma, no sólo recompensas. Para sentirte bien contigo mismo, para sentirte valioso y un miembro de la sociedad, necesitas trabajar.

SIN EXCUSAS

Muchas personas están sin trabajo porque han sido despedidos o por cualquier otra circunstancia de la vida. Vivimos en una sociedad que menosprecia la edad y muchas empresas consideran como obsoletos a aquellos empleados que sobrepasan los cuarenta años. Muchos trabajos sólo se ofrecen a quienes están por debajo de los treinta y cinco años, con lo que muchas personas expertas y con talento con más de cuarenta no pueden encontrar trabajo. No te unas a este modo de pensar. Rechaza etiquetarte por razones de edad o aceptar este tipo de pensamiento limitador.

Penny Smith, una presentadora de GMTV, dijo en una ocasión: «Creo que los treinta y ocho son años perfectos para la televisión. No tengo intención de llegar a los cuarenta y dos. Dentro de diez años, todavía tendré treinta ocho». Y sin duda, trabajando como presentadora de televisión.

Rechaza verte a ti mismo como alguien demasiado mayor para un trabajo. Si eres rechazado a causa de tu edad o a causa de cualquier otro factor fuera de control, inicia una empresa por ti mismo. Aunque haga años que no hayas trabajado, puedes salir a buscar trabajo mañana. Apréndete el papel, sonríe, ten la edad que sientes tener, olvídate de tu certificado de nacimiento y espera conseguir un trabajo. Si estás trabajando para conseguir tu trabajo ideal, acepta otro trabajo de momento; es mucho más fácil encontrar trabajo cuando ya estás trabajando.

MANTÉN EL EQUILIBRIO

El trabajo es una parte importante de la vida, pero no debe acabar con ella. Demasiada gente ha cometido el error de pensar que deben trabajar muchísimas horas a fin de conseguir el éxito.

Un informe reciente del Institute of Management descubrió que el ochenta y siete por ciento de los ejecutivos dicen que su trabajo no les deja tiempo para otras cosas, incluidas su pareja y familia. Una tercera parte trabaja más de cincuenta horas a la semana, una décima parte más de sesenta horas y dos tercios se siente constantemente bajo presión. Como novelista, Celia Brayfield señala: «Es un estilo de vida que no ofrecerías ni a un perro, sin correr el riesgo de ser asaltado por los activistas de los derechos de los animales».

El dinero es importante, pero mucha gente está simplemente ganando montones de dinero con el fin de pagar para que otra gente tenga su vida y mantenerla en el trabajo. Si estás pagando para que alguien limpie tu casa y cuide tu jardín y de tus hijos y pasee a tu perro, ha llegado el momento de que pienses sobre cuán valioso es tu trabajo para ti.

Por supuesto, paga a personas que hagan el trabajo que tú no quieres hacer, pero no te mantengas con una vida llena de horas de trabajo. Trabajar excesivamente, durante largas horas, de una forma continua es en realidad un signo de fracaso. Las personas que hacen esto normalmente están evitando otros aspectos de sus vidas, en lugar de trabajar creativamente. Para ser verdaderamente creativo y disfrutar de lo que haces es importante definir y limitar tus horas de trabajo y dejarlo atrás cuando has terminado la jornada laboral.

La gente genuinamente próspera, en contraste con quienes simplemente ganan montones de dinero, vuelven a casa y pasan el tiempo con sus familias, salen y juegan, hacen cosas que les gusta hacer, se toman vacaciones, ríen y ven a los amigos.

Ejercicio

Quiero que observes tu vida y el lugar que en ella ocupa tu trabajo. Sé verdaderamente honesto y respóndete las siguientes preguntas:

1. *¿Estoy trabajando mucho o poco?*
2. *¿Estoy ganando montones de dinero pero me siento infeliz y bajo presión?*
3. *¿Necesito ganar más, pero no tengo ni idea de cómo?*
4. *¿Está mi vida / casa / trabajo desequilibrada?*
5. *¿Me da miedo o me molesta ir a trabajar?*
6. *¿Me siento atrapado en el trabajo debido a mis responsabilidades económicas?*

Si contestas *sí* a cada una de estas preguntas, necesitas revisar y considerar tu vida laboral y decidir si ha llegado el momento de realizar cambios.

QUÉ NECESITAS CAMBIAR

Decide ahora mismo qué es lo que necesitas cambiar de tu trabajo. Si te gusta lo que haces pero trabajas demasiadas horas y odias la empresa para la que trabajas, puede ser que necesites dejarla.

Si lo que quieres es promocionarte o un aumento de sueldo, debes hacerte notar ante el personal que toma esas decisiones. Desarrolla un elevado perfil, haz un esfuerzo extra proponiéndote grandes ideas y contribuyendo de viva voz y por escrito, brilla con claridad y eficiencia. Haz algo diferente, como escribir un buen artículo para la revista de la casa. A un vendedor sobre el que he oído recientemente hablar, el encargado le pidió que escribiera para la revista de la empresa. El vendedor le pidió a un amigo periodista que le ayudara con sus ideas y con el estilo. Su trabajo fue tan impresionante que fue promocionado y ahora está en la ejecutiva de la empresa.

Realizar modificaciones sobre el modo como trabajas siempre es posible. Y puede ser que las modificaciones que necesitas hacer sean grandes en lugar de pequeñas. ¿Ha llegado el momento para un gran cambio de carrera, el paso de una vida laboral a otra? Muchas de las personas que lo hacen se sienten nuevas, con más energía y más jóvenes. Más y más personas se están dando cuenta de que se pueden hacer dos o más carreras completamente diferentes y tener éxito en las dos. Hace poco encontré a un hombre cuya historia es un ejemplo perfecto.

HISTORIA DE HENRY

HENRY HABÍA TRABAJADO DURANTE VEINTISIETE AÑOS EN LA CITY DE LONDRES COMO ANALISTA DE INVERSIONES Y BANQUERO Y, RECIENTEMENTE, HABÍA PUESTO EN MARCHA SU PROPIA EMPRESA DE INVERSIONES INMOBILIARIAS. SÓLO CUANDO TUVO UN PROBLEMA DE ESPALDA PERSISTENTE QUE LO EMPUJÓ A QUE BUSCARA CURACIÓN, EMPEZÓ A CUESTIONARSE LA ELECCIÓN QUE HABÍA HECHO. DESPUÉS DE QUE FALLARA LA MEDICINA ORTODOXA, UN AMIGO LE SUGIRIÓ QUE FUERA A VER A UN MÉDICO TIBETANO. EN CUANTO EL MÉDICO EMPEZÓ A TRABAJAR CON SU ESPALDA, HENRY EMPEZÓ A REVISAR SU VIDA.

«ME DI CUENTA DE LO PROFUNDAMENTE INFELIZ E INSATISFECHO QUE ERA EN MI TRABAJO», DICE. «SUPUSO REALMENTE UN TRAUMA COMPROBAR QUE HABÍA ESTADO EN EL TRABAJO INADECUADO DURANTE VEINTISIETE AÑOS. TAMBIÉN ERA INFELIZ EN MIS DOCE AÑOS DE RELACIÓN CON MI NOVIA. SABÍA QUE TENÍA QUE HACER CAMBIOS, PERO SE TRATABA DE UNA PERSPECTIVA ATERRADORA».

Cuanto más claro tenía Henry que necesitaba cambiar su vida, mejor estaba su espalda. «Me tomé un tiempo libre y me di cuenta de que posiblemente no podría regresar a mi trabajo» dice, «fue un período muy difícil». Incluso empecé a beber. Pero el único modo de seguir hacia delante fue dejar mi trabajo y terminar mi relación. No sabía lo que iba a hacer, pero sabía que había hecho lo correcto».

Cuando cierras una puerta, otra se abre, y eso fue verdad casi de inmediato para Henry.

«Me sentí profundamente interesado por la medicina tibetana, que tanto había hecho por mí», dice. «Y decidí abrir una clínica, un centro de excelencia, para personal sanitario que trabajase junto a los médicos ortodoxos.» Henry siguió adelante y creó su sueño. En la inmensamente exitosa clínica que abrió en Londres, el Eden Medical Centre, los médicos ortodoxos trabajan junto con expertos de todo tipo.

«Estoy haciendo algo en lo que realmente creo y me gusta», dice Henry. «Fue muy duro romper, pero es también la mejor cosa que he hecho nunca.»

¿QUÉ ES LO QUE QUIERES HACER?

Antes de que puedas ir en busca de tu trabajo ideal, necesitas conocer cuál es. Muchos clientes dicen que no son felices con lo que están haciendo, pero que no saben hacer otra cosa. Yo creo que cada uno de nosotros sabe lo que quiere hacer, pero demasiado a menudo lo ocultamos, lo negamos o lo consideramos imposible.

Todo el mundo tiene algo que le encanta hacer, algo en que es realmente bueno, algo que proporciona gran satisfacción. Para algunos se trata de una afición, para otros sólo un sueño y para otros se trata de algo enterrado a tanta profundidad que ni siquiera saben de lo que se trata hasta que empiezan a ahondar dentro de sí mismos para descubrir sus talentos y habilidades.

Muchas personas creen que ni si quiera es posible ganar dinero haciendo algo que les gusta. En sus mentes separan el trabajo del placer, creyendo que el trabajo tiene que ver con la rutina y que las cosas que les gusta hacer sólo tienen cabida más allá del trabajo y otros compromisos.

Historia de Robin

Robin era un próspero y gran trabajador experto en informática que vino a mí porque se sentía agobiado e infeliz en su trabajo. Había trabajado en una de las empresas más importantes durante quince años y se sentía atrapado en su propio éxito. ¿Cómo podía dejar un trabajo que tanta gente envidiaba? ¿Cómo podía dejar de lado semejantes ingresos, los beneficios y ventajas que le ofrecía la empresa? ¿No pensaría todo el mundo que estaba loco?

Le dije a Robin que no importaba lo que otra gente dijese o que alguien envidiase su trabajo. Para él era represivo, aburrido y gris y lo único que quería hacer era huir de la depresión y la infelicidad de estar en el trabajo inadecuado.

Robin se mostró de acuerdo aunque no tenía ni idea de lo que quería hacer. Le pedí que pensara en todas las cosas en las que era bueno y que de verdad le gustaban, sin preocuparse de si podría o no ganar mucho dinero y volvió con una lista. Le gustaba pintar, la música, pasear por el campo y el baile.

Y resultó que Henry era un talentoso bailarín de tango *amateur*. Iba a clases de tango con su novia una vez a la semana y se pasaba toda la semana esperando que llegara el día de clase. ¿Por qué no abrir un estudio de danza?, le sugerí. Robin se mostro muy asombrado y salió con una docena de razones por las que semejante trabajo no sería posible. Cuando empezamos a analizarlas y él empezó a darse cuenta de que no había obstáculos reales, empezó a mostrarse más y más entusiasmado con la idea. Una sema-

NA DESPUÉS, ROBIN RENUNCIÓ A SU TRABAJO Y EMPEZÓ A MIRAR LOCALES PARA SU ESTUDIO.

AL CABO DE DOS MESES, HABÍA ENCONTRADO EL LUGAR ADECUADO, LO HABÍA RENOVADO Y DECORADO, HABÍA CONTRATADO A UN PROFESOR Y HABÍA ANUNCIADO TODA UNA OFERTA DE CLASES DE BAILE.

AL AÑO, EL ESTUDIO DE ROBIN HABÍA ALCANZADO UN GRAN ÉXITO. CONSIGUIÓ LOS MEJORES PROFESORES Y EL ESTUDIO MÁS MODERNO DEL PUEBLO Y LA GENTE ACUDÍA A ÉL EN MULTITUD. ROBIN NO ESTÁ GANANDO LO MISMO QUE ANTES, AUNQUE PROBABLEMENTE PRONTO LO HARÁ. ESTÁ TRABAJANDO MÁS HORAS QUE ANTES, A MENUDO HASTA BIEN ENTRADA LA NOCHE, PERO ES MÁS FELIZ DE LO QUE NUNCA LO FUE. LE GUSTA LO QUE HACE Y ESTÁ DESEANDO IR A TRABAJAR CADA DÍA.

«NO ME PARECE QUE ESTÉ TRABAJANDO» ME DIJO, « SIMPLEMENTE ME LO PASO BIEN Y ADEMÁS ME PAGAN POR ELLO».

Ejercicio

Coge bolígrafo y papel y completa las siguientes afirmaciones, sin pensar sobre el trabajo:

1. *Cinco talentos que poseo...*
2. *Cinco cosas que me gusta hacer...*
3. *Cinco carreras que me hubiesen gustado...*
4. *Cinco cosas para las que la gente me dice que soy bueno...*
5. *Cinco cosas que me gustaría intentar hacer...*

¿Cuál es el resultado del ejercicio? ¿Estás empezando a ver un modelo y a tener la sensación de aquello para lo que eres bueno y te gusta hacer? Lo que es más fascinante de todo esto es que para cada persona es diferente. Una persona es excelente hablando, otra es brillante arreglando casas, a una tercera le encanta viajar y estar con otras personas. Todos estos talentos pueden conducir a una gran variedad de trabajos, desde *disc jockey* (para el hablador) hasta auxiliar de vuelo (para el viajero) o diseñador de interiores (para el decorador de casas).

> No hay límite para la cantidad y variedad de trabajos en el mundo y encuentro que es estimulante e inspirador ver cómo mis clientes descubren sus talentos y empiezan a utilizarlos en sus vidas laborales.

En este momento, puede ser que todavía no tengas claro qué es exactamente lo que quieres hacer. Quizás aquello que te gusta hacer y para lo que vales no te parecen fuentes potenciales de ingresos. Si has escrito nadar, leer y ver televisión, puede ser que todavía no te hayas inspirado aunque haya un montón de carreras potenciales: ¿Monitor de natación? ¿Editor de manuscritos? ¿Productor de televisión?

Si todavía no estás estimulado, no has encontrado o se te han ocurrido las posibilidades, da marcha atrás y piensa de nuevo la lista que has hecho en el ejercicio anterior. ¿Existe algo que te has olvidado por considerarlo irrelevante? ¿Qué es lo que te gustaría intentar si no hubiera ningún tipo de obstáculos en tu camino?

Deja volar tu imaginación. Piensa en cosas que has leído al respecto, que te han puesto en marcha. Piensa en la última vez que te lo pasaste bien. ¿Qué estabas haciendo?

ESTAR DISPUESTO A APRENDER

Lo que las personas con mucho éxito tienen en común es que están dispuestas a aprender, a adaptarse o a reinventarse a sí mismas. Hay miles de personas con éxito que ponen en marcha sus empresas y que ganan mucho dinero haciendo lo que les gusta. Hay muchas personas que premian la libertad, la independencia y la oportunidad de tomar sus propias decisiones. Hay personas que nunca dejan de aprender.

Observa a este tipo de personas de tu alrededor y aprende de ellas. Date cuenta de qué es lo que funciona de lo que haces y qué es lo que no funcionaba y escucha los consejos de personas en las que confías. No temas volver al punto de partida y aprender nuevas habilidades empresariales, de informática o contabilidad. Si quieres ser cocinero, busca un gran cocinero que te permita entrar en su cocina para aprender y prepárate para estar dispuesto a lavar platos para empezar.

Tu trabajo soñado puede implicar un período de entrenamiento en el que ganes poco dinero. Necesitas ser flexible y confiar en ti mismo para hacer esto, a sabiendas de que merece la pena para conseguir tu objetivo.

Historia de Mary

La primera vez que Mary entró en contacto conmigo, tenía treinta y seis años y estaba trabajando en un mostrador de información en el aeropuerto de Heathrow. Estaba aburrida de su trabajo y no podía esperar más para cambiar. En cuanto hablamos, quedó claro que lo que Mary deseaba era ser azafata de vuelo. «Desde mi despacho veo pasar a diario a los pasajeros, dirigiéndose a lugares exóticos y me encantaría unirme a ellos», dijo. «Me gustaría viajar y me encanta estar con gente. Pero soy demasiado mayor. Todos los programas de entrenamiento están llenos de chicas de veinte años. Ni siquiera me tendrían en cuenta para un trabajo.»

Le expliqué a Mary que si no pensaba que podía conseguir el trabajo, cualquier empleador estaría de acuerdo con ella y no la cogería para ningún trabajo. En su lugar le pedí que mirara todas las cualidades y experiencia que podría aportar al puesto.

Trabajamos en construir su autoestima y su creencia en sí misma y Mary también perdió peso, se libró de sus vestidos anticuados y cortó su pelo con un nuevo estilo.

Después rellenó el formulario de trabajo como azafata para una compañía aérea de su elección. Algunos días después de la entrevista estaba encantada con el puesto que le habían ofrecido. Eso ocurrió hace un año y ahora Mary está emprendiendo su propio vuelo alrededor del mundo y disfrutando.

SÉ TU PROPIO JEFE

Cualquiera que sea la cosa que decidas hacer, quiero animarte a que lo hagas en tu tiempo y a tu modo; en otras palabras, sé tu propio jefe y conviértete en autoempleador. Si has pasado muchos años trabajando para otros, esta idea te puede parecer horriblemente insegura y asustarte un poco. *¿Qué pasará cuando esté enfermo, con mi paga de vacaciones, mi seguridad social, mi pensión o mis perspectivas de promoción?*, puedes preguntarte. Pero de hecho, la única seguridad de verdad en la vida viene cuando dependes de ti mismo en lugar de los otros. Muchas personas que han estado agarradas a trabajos aburridos por la supuesta seguridad que ofrecían, han sido despedidas o desplazadas o simplemente han terminado por estar deprimidas.

Cuando eres tu propio empleador, tienes control de tu vida; tomas tus propias decisiones, trabajas como quieres y aceptas la responsabilidad sobre tu vida. Si algo no funciona, lo cambias. Estás en situación de sumergirte en tus propios recursos y emerger con soluciones. Aquellos que han tenido éxito como autoempleadores tienen un alto nivel de autoestima y autoconfianza. Se han probado que pueden confiar en sí mismos, que pueden motivarse y que pueden realizar las elecciones adecuadas sobre sus vidas laborales. Puedes hacer todo lo que un empleador hubiese hecho por ti, incluyendo tu propio salario y beneficios y añadiendo algo más que no hubieses tenido antes, como tiempo libre cuando lo necesites.

Mira a tu alrededor a la gente que conoces. Las oportunidades son para aquellos a quienes les gusta su trabajo y están trabajando para sí mismos.

HISTORIA DE JULIA

JULIA SE ME PRESENTÓ PORQUE QUERÍA REALIZAR CAMBIOS EN SU VIDA LABORAL. ERA ALGUIEN CON MUCHAS RESPONSABILIDADES EN EL DEPARTAMENTO DE RECURSOS HUMANOS DE UNA GRAN EMPRESA Y RECIBÍA UN BUEN SALARIO. PERO TRABAJABA UNAS DOCE HORAS DIARIAS Y SE SENTÍA EXHAUSTA Y SECA. PARA COLMO, LA EMPRESA LE HABÍA DICHO QUE SI QUERÍA PROMOCIÓN DEBÍA TRASLADARSE A OTRA CIUDAD, ALGO QUE RECHAZABA HACER.

Hacía unos años, cuando había empezado, a Julia le gustaba su trabajo, pero la larga jornada laboral, las constantes exigencias y los aspectos repetitivos de su trabajo la habían dejado sin ilusiones y deprimida.

Julia me dijo que quería encontrar el modo de trabajar menos horas. Le dije que por qué no pensaba en cambiar por completo su carrera, dado que ya no le gustaba lo que estaba haciendo.

Quedó impresionada y me dijo que simplemente no había pensado en esta posibilidad. «Me gusta mi salario y todos los beneficios», me dijo: «eso quiere decir que me puedo ir de vacaciones a sitios exóticos y esto es lo que me mantiene». Le señalé que esperar las siguientes vacaciones no era un buen modo de ir por la vida y le pedí que se imaginara haciendo algo que le gustase durante todo el tiempo, no sólo en los momentos en que podía huir del trabajo. A Julia le agradó la idea y decidió que le encantaría que le gustase el trabajo aunque fuese necesario disponer de menos vacaciones. Empezamos a buscar sus talentos y habilidades, y resultó ser que había cambiado de casa varias veces y que siempre se lo había pasado bien acondicionando los jardines de sus nuevas casas, transformándolos de vertederos de basuras en bellos y coloridos retiros.

Le sugerí que pensara en convertirse en diseñadora de jardines, que anunciara sus servicios y fortaleciese su experiencia y portafolio de fotografías trabajando en los jardines de sus amigos. Dos meses después, tras haber conseguido un cargo por su primer diseño de jardín, dejó su trabajo y se lanzó a fundar su propia empresa. A los tres meses de haber empezado, tenía tantos encargos que no los podía aceptar todos y me dijo que se sentía liberada al haberse autoempleado. «Trabajo mucho», dijo, «pero no tantas horas como antes. Me doy a mí misma tiempo libre y, lo que es más importante, me encanta lo que hago».

HACIENDO CAMBIOS

Ahora ya tienes una idea, o varias, de lo que quieres. ¿Cómo vas a realizar los cambios necesarios en tu vida? Aquí tienes mi plan de cuatro pasos para que crees tu vida laboral ideal.

CAMBIA TU MODO DE PENSAR

Como Julia, tienes que creer que es posible antes de empezar a hacer cambios. Tienes que imaginarte en tu nuevo puesto, verte alcanzando el éxito y pensar en ti mismo como alguien que hace este trabajo.

Escribe una lista con todas tus dudas, miedos y pensamientos negativos sobre la idea de cambiar de trabajo. Revísalos, dando respuesta a cada uno con una solución o con una afirmación positiva. Por ejemplo, si te estás diciendo que no encontrarás a gente que quiera usar tus servicios, respóndete diciendo que eres solvente, comprometido con tu trabajo y que estás dispuesto a perseverar hasta conseguir los clientes que quieres. Y no sólo eso, sino que estás lleno de ideas creativas sobre el modo de anunciar tus servicios y atraer clientes.

En *The Seven Spiritual Laws of Success*, el maestro y escritor espiritual Deepak Chopra habla sobre la sabiduría de la incertidumbre. Puedes pasar toda tu vida en busca de la seguridad y no encontrarla, dice, mientras que si estás dispuesto a vivir con incertidumbre también permitirás que se den una infinidad de posibilidades. Céntrate con fuerza en tus talentos, habilidades y cualidades y no te permitas pensamientos negativos que te paralizarán.

CONSTRUYE TU PUENTE

Planifica la ruta que vas a seguir para llegar a tu nuevo trabajo o empresa. Respalda tu determinación y tu entusiasmo siendo organizado y concienzudo en los detalles de la planificación. Observa los pasos necesarios, determina un tiempo límite pasa disponerlo todo en su lugar y calcula lo que necesitarás hacer cada día hasta conseguir que funcione tu plan. Por ejemplo, puedes necesitar hablar con el director de tu banco, organizar una campaña de publicidad, contactar con gente que pueda ayudarte a darte a conocer y organizar dónde y cómo trabajarás.

Ábrete a cualquier posibilidad y sé creativo para encontrar soluciones. No te permitas desviaciones o aplazamientos. Trata los contratiempos con suavidad y continúa hasta la siguiente solución potencial o paso adelante.

Habla con la gente que necesite saber de ti o que pueda ayudarte y mantente en silencio respecto a tus planes el resto del tiempo. Evita hablar con cualquiera que pueda desanimarte o hacerte tambalear y si quienes están cerca de ti se comportan de ese modo, sepárate de sus miedos y permanece firme en tus convicciones positivas. Si sabes, en lo más profundo de ti mismo, que estás haciendo lo correcto, mantente firme. No pierdas el tiempo intentando convencer a los demás; se convencerán cuando te vean feliz y con éxito en tu nuevo trabajo.

Salta

Para seguir adelante y permitir que entren en tu vida nuevas experiencias, nueva energía y gente nueva, tienes que desprenderte de cualquier cosa o cualquier persona que no sea buena para ti. Elige el momento adecuado para dejar tu antiguo trabajo. Quizás necesites un permiso y pases algunas semanas recuperándote del estrés y la depresión antes de disponer de energía para empezar algo fresco y nuevo. Si el dinero constituye una limitación, quizás quieras pasar por un trabajo de transición, como Emma (*véase* pág. 74). Haz algo divertido, algo que siempre hayas imaginado, como por ejemplo, trabajar en una tienda o en un bar. Entiéndelo como un paréntesis para recuperarte y un modo de ganar algún dinero y divertirte mientras te preparas para el estadio siguiente. Para la gran mayoría de personas con las que he trabajado, una vez han tomado la decisión de realizar el cambio no pueden esperar a empezar. Dejan sus viejos trabajos en muy poco tiempo y siguen adelante con lo que realmente quieren.

En algunas ocasiones esto implica una gran valentía, fe y autoconfianza.

Implica que confíes en ti mismo y en tus habilidades. Aquí es donde la autoestima y la autoconfianza que has creado te proporcionarán, de verdad, grandes recompensas.

Historia de Brian

Brian es alguien que mostraba una gran autoconfianza cuando decidió cambiar su vida completamente, no sólo para él, sino para su esposa y su joven familia de seis hijos, con edades comprendidas entre los dos y los doce años. En ese momento, estaban viviendo en Australia, en uno de los más exclusivos barrios de Sidney, en un suntuoso hogar de seis habitaciones con piscina. Su carrera era enormemente próspera y, sólo algunos años después de haber emigrado desde Irlanda del Norte, Brian se encontraba entre el dos por ciento de los ejecutivos industriales más importantes y también más jóvenes del país. Fue en ese momento cuando Brian y su esposa decidieron regresar a Irlanda y empezar de nuevo. Sus colegas y amigos pensaron que estaba completamente loco. Le sugirieron que tomara un descanso y que alquilara su casa para poder regresar si el cambio no funcionaba, cosa que Brian rechazó.

«Sabía que tenía que quemar todos los puentes si iba a empezar de nuevo de verdad y hacer que funcionara», me dijo. «Hacer que el regreso fuese fácil hubiese debilitado mi resolución y, además, estaba seguro de que haría lo posible para que funcionara».

Así es que Brian quemó sus puentes y regresó a una cálida bienvenida a Irlanda, con ocho meses de mantenimiento garantizado y sin trabajo. Sus limitados ahorros empezaron a reducirse rápidamente. Pero Brian nunca se arrepintió de su decisión o dudó de su habilidad para conseguir lo que se había propuesto, y es que simplemente, se veía a sí mismo como el tipo de persona que en última instancia acabaría por salir adelante.

La confianza de Brian tuvo su compensación cuando recibió una llamada de la Development Authority de Irlanda. Querían que se encontrara con un rico industrial alemán que esperaba hacer de Irlanda su nueva base europea. El industrial estaba poco convencido de lo que había visto y planificaba volver a su casa al día siguiente. La agencia esperaba que Brian podría hacerle cambiar de opinión.

Brian se encontró con él al día siguiente, después voló a Alemania y juntos formaron una asociación que obtuvo un éxito notable. Así es que el repentino éxito de Brian hizo que el director de su banco le llamara para preguntarle si había sido un error que sus muy modestos ahorros hubieran alcanzado una suma de seis dígitos en apenas una noche.

Ahora Brian tiene un negocio parecido al que tenía en Australia, y su propio club de golf, que inauguró el primer ministro de Irlanda. Lo que Brian hizo fue aceptar la responsabilidad absoluta y crear la nueva vida que quería. También decidió confiar en su ingenio, en sus recursos, determinación y visceralidad. Y finalmente eligió escucharse a sí mismo cuando todo su entorno le advertía en contra de su determinación. Brian ignoró cualquier consejo salvo el de sí mismo y como resultado, su fe en sí mismo y sus reservas de autoconfianza lo catapultaron a otra liga. Se convirtió en uno de los individuos de rango superior que confían en sí mismos y que, como resultado, rezuman un carisma personal y un porte que los hacen destacar. La historia de Brian es particularmente especial para mí, pues se trata de alguien a quien estoy particularmente vinculada. Él es mi hermano mayor.

Mantente firme

Una vez hayas tomado la decisión, hayas planificado paso a paso el recorrido y hayas saltado, es vital que te mantengas firme hacia la meta. No abandones.

Muchas personas han fracasado en sus nuevas empresas, simplemente porque no estaban preparadas para enfrentarse con los obstáculos y mantenerse en la ruta hasta conseguir el éxito. Así que fíjate metas, pero no restricciones o tiempos límite. Sé decidido y no decaigas. Ve por ello y mantente yendo con la vista puesta en el objetivo final a través de todo el camino.

Sabes lo que quieres y no hay nada ni nadie, excepto tú mismo, que pueda detenerte para conseguirlo. Contratiempos y desilusiones forman parte de la normalidad de la operación, así es que acéptalos y concéntrate en tus logros y éxitos.

Aprende de lo que estás haciendo; fíjate en lo que funciona y en lo que no funciona. Despréndete de cualquier cosa que no te beneficie, ni a ti ni a tus objetivos, y no dejes que tus sueños se diluyan o se desvanezcan. Te mereces lo mejor y te lo vas a dar a ti mismo.

Si eres tu propio jefe, sé uno de los buenos. Anímate, prémiate, elógiate y valórate a ti mismo si esperas trabajar duramente y conseguir grandes cosas.

Crear una nueva forma de trabajar para ti mismo y conseguir prosperar conlleva valor y determinación.

TU MISIÓN

Quiero que establezcas tu propia empresa. Sí. ¡He dicho empresa! Y quiero que lo hagas ahora, empezando esta noche. ¿Qué tipo de negocio? Te garantizo que lo tienes ante ti. Cualquiera que sea tu afición, cualquiera que sea tu interés, cualquier cosa que siempre hayas querido hacer pero no hayas hecho. Ha llegado el momento de convertirlo en una próspera centrifugadora de dinero.

No estoy insistiendo en que dejes tu trabajo cotidiano. Tu nuevo negocio, de momento, es una actividad suplementaria. Cualquiera debería conocer cómo es tener su propio negocio, aunque sea pequeño, y todo el mundo debería tener una alternativa para su inclinación. Es algo muy bueno para tu autovaloración saber que puedes hacer más de una cosa y tener algo sobre lo que caer en caso de que lo necesites. Si ya tienes una alternativa o un negocio complementario, ¡empieza otro! Y consigue que tus hijos también se impliquen. Algunos niños son tremendamente emprendedores y desde sus habitaciones consiguen realizar operaciones con éxito, tales como vender sus dibujos, maquetas o enormes juguetes. Anímalos a que utilicen sus talentos, intereses y habilidades como tú estás haciendo. Aunque sólo le dediques a tu nuevo negocio una tarde a la semana, puedes hacerlo tan grande o pequeño como quieres que sea.

Y si estás poniendo problemas porque resulta que ya trabajas más horas que nadie, necesitas realizar el cambio. ¡Obviamente, no has hecho lo suficiente para ti mismo si puedes permitirte dedicar todo el tiempo a tu trabajo!

Y RECUERDA...

Puedes hacer cualquier trabajo que quieras hacer.

El mejor jefe que tienes eres tú mismo.

Autoempleo significa autoconfianza y autoestima.

La verdadera seguridad depende de ti mismo.

Tu trabajo ideal está probablemente mirándote a la cara.

Sigue a tu corazón: haz el trabajo que amas.

8

¿Eres muy atractivo? Cómo ser atractivo y muy deseable

En este capítulo quiero echar una ojeada a cómo te sientes de atractivo y cómo imaginas que otros te ven. Si no piensas que eres atractivo ni te sientes seguro de tu apariencia, te estás creando un gran obstáculo en tu vida. Es importante sentirse confiado, atractivo y seguro de uno mismo, tanto por fuera como por dentro. Hasta ahora nos hemos concentrado en lo que estaba pasando por dentro, tus sentimientos sobre quién eres y quién quieres ser. Ahora es el momento de mirar al exterior y ver si tu opinión sobre tu apariencia encaja con el deslumbrante sentido de autoestima que has estado trabajando tanto.

Quiero que captes esta verdad elemental: eres tan atractivo como consideras que eres. Quiero que te sientas igual a cualquier otro, que goces de tu propio magnetismo intrínseco y de tu especial imagen de esplendidez para que sólo atraigas de todos aquellos que están a tu alrededor la confirmación de esto. Por lo general, otras personas aceptarán el valor que te des. Quiero estar segura de que se trata de una condenadamente buena valoración.

HISTORIA DE REBECCA

HACÍA SEIS MESES QUE REBECCA ERA MI CLIENTE CUANDO NOS ENCONTRAMOS PARA DESAYUNAR PARA CELEBRAR LA INAUGURACIÓN DE SU EMPRESA DE MODA POR CORRESPONDENCIA. NUESTRAS sesiones habían tenido lugar por teléfono, así es que íbamos a encontrarnos cara a cara por primera vez.

En cuanto entré en el restaurante, la localicé enseguida. A sus treinta y cinco años era alta y delgada y tenía la más lustrosa melena rubia. Tenía unos penetrantes ojos azules y una perfecta complexión inglesa. En resumen, era preciosa. Pero a mitad de la comida me vi cuestionando mi reacción inicial. ¿Era de verdad preciosa o era... horrible? Me quedé especialmente perpleja al verme pensando que era horrible, una palabra que no utilizo para estos casos. Volviendo a pensar sobre el tema en el viaje de vuelta a casa, la respuesta resplandeció delante de mí. ¡Yo no pensaba que Rebecca era horrible, pero ella sí!

Los pensamientos tienen alas; no puedes guardarlos sólo para ti. Cuanto más pienses en ellos y más seguro te sientas, más los proyectas hacia los demás. Estoy entrenada para identificar los pensamientos de las personas, por lo que soy capaz de diferenciar lo que pienso y siento de los pensamientos y sentimientos de los demás. Lo que pasó con Rebecca es que yo estuve recogiendo con fuerza y claridad su creencia de que era horrible.

La mayoría de la gente no identifica sus pensamientos como algo diferente, como a mí me ocurrió con Rebecca. Lo que ocurre, por el contrario, es que aceptan lo que tú estás proyectando como si fuesen sus propios pensamientos y te ven y te tratan de modo semejante. Esto te es devuelto y confirma tu opinión sobre ti mismo, aunque torcida.

los asuntos personales de Rebecca nunca habían sido tratados en nuestras sesiones, puesto que las habíamos centrado exclusivamente en cuestiones de empresa. En la siguiente sesión, le confié mis observaciones y la invité a que me respondiera. Ella admitió que ésa era precisamente la manera como se había visto a sí misma y lo que había hecho durante toda su vida. Nunca había admitido esto ante nadie ni había sacado el tema conmigo, pues se sentía completamente resignada a sentirse así.

Su autoodio era tan severo que había días que no salía de casa porque se sentía grotesca y anormal. Gastaba una fortuna en tratamientos de belleza, estaba obsesionada con su peso y ahora estaba considerando aumentar sus senos. Su matrimonio sufría las consecuencias de semejante presión y sus hijos, inevitablemente, padecían su tensión e infelicidad. Cuando niña, Rebecca sentía que había sido brillante académicamente, como su hermana, y creció con el intenso sentimiento de que era horrible. Esta era la palabra precisa que había usado y la que yo había captado, la realidad es que ella es estupenda y tiene una apariencia clásica de chica. También es una de las personas más originales e interesantes que uno se puede encontrar. ¡Qué momumental tragedia para ella que no pueda ir por la vida viendo esto!

Rebecca se mostró de acuerdo en abordar este tema conmigo a fin de que pudiese verse a sí misma como la mujer encantadora que era en realidad. Empecé un plan para transformar la percepción de sí misma y erradicar lo horrible de sus pensamientos y vocabulario.

ERES TAN ATRACTIVO COMO PIENSAS QUE ERES

Lo más gracioso es que, sobre el papel y según las convenciones, Rebecca era mucho más hermosa que yo, aunque ella me veía como diez veces más atractiva y me señalaba, en comparación, lo atractiva, brillante y carismática que yo era. ¿Qué tipo de pensamientos y creencias crees que conscientemente me he infundido para proyectarlos hacia los otros? ¡Lo has pillado!

He elegido verme como atractiva, radiante y carismática. Rebecca me devolvió exactamente lo que tenía que devolverme, tal y como yo había hecho con ella. El círculo estaba cerrado. ¡A pesar de que Rebecca está mucho más cerca de terminar como portada de *Vogue* que yo! Creo que soy diez veces más atractiva de lo que puedo ser en realidad. A fuerza de la pura convicción que he administrado para convencer a mucha gente de eso. Admito que tuve mucha suerte por tener un padre que me adoraba y que crecí con la expectativa de que otros hombres sintieran del mismo modo. *Nunca* sentí que no era suficientemente buena para cualquier hombre. *Nunca* vi a ningún hombre como «fuera de mi alcance», como les sucede a otras personas. Simplemente nunca se me ocurrió que alguien no me encontrara atractiva. Ésta es una forma de ir por la vida más fácil que la de Rebecca, y es que la quiero para ti.

Si has tenido una pobre visión de tu atractivo durante algún tiempo, no te transformarás de la noche a la mañana. Pero si te aproximas a lo que voy a compartir contigo con una mentalidad abierta, puedes cambiar por completo el modo como te ves a ti mismo y, en consecuencia, el modo como otros te ven. ¿Recuerdas cómo observamos el papel de tus creencias y expectativas en el capítulo cinco? Bien, pues lo que vamos a observar aquí es la naturaleza de tus creencias más privadas y particulares sobre ti mismo. El modo como te ves a ti mismo tiene un efecto profundo sobre el modo como te presentas a los demás, el modo como caminas, los vestidos que llevas, el esfuerzo que haces para tener la mejor apariencia. Cuanto mejor sientas que pareces, más esfuerzo realizarás para acicalarte. Tu degradación completa se reflejará en el modo como te ves a ti mismo y dará pie a que los otros te correspondan en consecuencia.

Imagínate a alguien que te parece atractivo en el primer momento pero, cinco minutos más tarde, parece menos atractivo. Esto será debido a la simple verdad de que esta persona no se ve a sí misma con la luz adecuada. Simplemente estás viéndola tal y como ella se ve a sí misma.

SÉ ESTUPENDO

Ser bello, guapo o atractivo es algo mucho más que un conjunto de genes. Las caras de Brad Pitt, Gwyneth Paltrow y Emmanuelle Beart son en definitiva obras de arte. No te preocupes. Si estás dispuesto a asimilar la actitud y a realizar un poco de ejercicio y a cepillarte el pelo de forma adecuada, puedes ser estupendo, algo mucho más interesante, perdurable y sexy que ser guapo o bien parecido.

La belleza común o la buena apariencia no va necesariamente de la mano de lo extremadamente sexy. La buena noticia es que ser estupendo es algo que tú puedes conseguir y, en mi opinión, debes cultivar. En palabras de Nelson Mandela: ¿Quién eres para ser brillante, estupendo, talentoso y fabuloso? En realidad, ¿quién eres para no serlo?

¿Qué es estupendo?

Estupendo es sexy. Estupendo es algo que puedes conseguir sólo con preguntar. Es la esencia de lo que eres y de lo que has diseñado ser. Es algo más que la forma de tu cara o la simetría de tus facciones; es algo que está relacionado con tu personalidad completa. Es la suma total de todo lo que se te ha dado. Lo estupendo llega a todos aquellos de nosotros que estamos determinados a conseguirlo. Y recuerda que también incluyo a los hombres.

Argumentaría que el primer requisito para conseguir este estado es empezar a creer que eres estupendo. Tienes que hacer todo lo que esta en tus manos para convencerte de ello y para verte y tratarte como a alguien estupendo. Una vez lo hayas hecho, estarás en el camino, porque cualquier otro seguirá la dirección que has marcado y se convencerá de ello. En esencia, eres estupendo como extensión de que crees que lo eres.

Ejercicio

Ahora mismo, hazte las siguientes preguntas:

1. *¿Cuán atractivo creo que soy? ¿Extremadamente, razonablemente, mucho, poco o nada?*
2. *¿Quién he decidido que está «fuera de mi alcance»? (Obviamente, si tienes pareja esta pregunta es sólo informativa)*
3. *¿Espero que hombres/mujeres piensen que soy atractivo/a y estupendo/a?*

De momento, no hagas nada con esta información. En este estadio, sólo quiero que abras la batería de averiguaciones.

¿Quién es estupendo?

A menudo modelos y actrices se sienten mal por su apariencia y se consideran a sí mismas poco atractivos. Incluso Cindy Crawford, una de la súper top models del mundo, admite que su persona pública se parece poco a la persona que es a primera hora de la mañana. Su imagen impoluta tiene más que ver con las horas de peluquería y maquillaje y con los toques fotográficos que con dones de la naturaleza. Para el resto de nosotros, el ver estas imágenes como reales o aspirar a ellas es pura locura.

Algunas actrices británicas conquistaron Hollywood cuando estaban en la veintena y acabaron por convertirse en símbolos sexuales de su generación. Julie Christie era una de ellas, a pesar de que estaba angustiada por su apariencia y se sentía como alguien horrible. Durante el rodaje de *Darling*, con la que ganaría un Oscar y le serviría de lanzamiento de su carrera hollywoodiense, le dijo al director John Schlesinger que no quería rodar la escena del desnudo porque no se sentía suficientemente hermosa. Le dijo: «Estaré poco atractiva para la gente». Esta luminosamente bella chica de veinticuatro años, vista por muchos como la respuesta británica a Brigitte Bardot, estaba convencida de que los amantes del cine saldrían corriendo por asco. Esto prueba por completo que depende de nosotros decidir cómo queremos vernos.

La belleza convencional, como la que sin duda poseía Julie Christie, no implica automáticamente que te sientas como alguien atractivo ni que imagines que otros te encuentren atractivo. Al mismo tiempo, Hollywood esta lleno de hombres y mujeres que han dejado su huella en el mundo por convencernos de su *sex appeal*, aunque no hayan tenido la belleza de Julie Christie.

Mira a Sophia Loren, que no hace mucho fue votada como la mujer más bella por una revista de hombres a pesar del hecho de que cuenta con setenta y tres años. Los rasgos individuales de Sophia

—boca grande, ojos ligeramente abultados, gran nariz y mentón endeble— no hablan de belleza, pero lo que todavía proyecta Sophia Loren es una poderosa mística sexual que ha mantenido la atención mundial durante cuatro décadas. El secreto de su atractivo debe de ser, en parte, su puro desenfado y su energía personal. No ha perdido nada de la firme determinación que desplegaba al principio de su carrera cuando, con dieciséis años, a pesar de las recomendaciones de los directores de Hollywood que le decían que pasase por quirófano porque su nariz era demasiado grande y su boca demasiado ancha no se hizo ningún tipo de cirugía plástica.

«Nunca he escondido la edad que tengo porque no me importa», dice. En la realidad, a mí me gustan los cumpleaños. Es una buena razón para hablar contigo misma y preguntarte qué has estado haciendo, qué estás haciendo y qué harás. Las chicas que no pueden salir y hablar consigo mismas nunca se convierten en mujeres. Mujeres que no pueden pensar en serio se vuelven alcohólicas, pastilleras o algo peor, pero yo puedo reflexionar. Yo puedo mandar a buscar por mi factura vital y engrosarla también... no es suerte, yo no creo en la suerte, es querer lo que realmente importa. Yo siempre he buscado. Éste es mi secreto... He buscado y he conseguido. Tampoco he querido, nunca, que otros quisieran o buscaran en mi lugar.»

Diana, la princesa de Gales, fue sin duda la mujer más adorada de nuestros tiempos. Adorábamos su espíritu, su compasión y su vulnerabilidad. La percibíamos como bella a pesar de que estaba muy lejos de tener rasgos perfectos. Cambiamos nuestra percepción de la belleza y nos adaptamos a su apariencia porque ella se lo merecía. Mejoró su personalidad y, a medida que conseguía triunfar sobre su autoodio y sus trastornos alimentarios y desarrollaba autorespeto y autoaceptación, se fue haciendo cada vez más radiante hasta convertirse en una de las mujeres más carismáticas del mundo. En el momento de su muerte había conquistado a sus demonios y se había convertido en un ser humano dinámico, majestuoso y verdaderamente estupendo.

Fíjate en otra gente estupenda a los ojos del público. Jack Nicholson no es precisamente bien parecido, aunque rezuma autoconfianza y perverso *sex appeal* y tiene chicas bastante más jóvenes desviviéndose por el, como ocurre con Gerard Depardieu, cuya fornida y torcida apariencia está a años luz de lo que se considera un modelo clásico masculino. Bob Hoskins es bajo y calvo y, no obstante, profundamente atractivo.

Oprah Winfrey con cualquier peso está estupenda. Exuda confianza, calidez y humor. La mayoría de las veces Patti Smith aparece como recién salida de la cama y, sin embargo, ha atraído a algunos de los hombres más atractivos del mundo. Con Chrissie Hynde, Courtney love (antes de la cirugía plástica) y Susan Sarandon pasa lo mismo. Ninguna de ellas posee una belleza convencional, aunque aparecen estupendas por completo y lo saben. En Gran Bretaña, fíjate en Zoë Ball y Geri Halliwell, ninguna de ellas es particularmente bonita por descontado no son bellas, aunque exudan *sex appeal* y carisma. Piensa en la personas que conozcas que sean terriblemente atractivas para los demás, a pesar de que no serían capaces de ganar el concurso de miss mundo o miss universo. Piensa en las mujeres que conozcas que no hayan tenido problemas para atraer al los hombres y hombres que sin esfuerzo ninguno atraen a las mujeres.

La cuestión con todos ellos es que los estupendos de verdad son los que actúan, aparentan y se ven a sí mismo como estupendos, sin que importe la apariencia, la forma o la edad.

¿Quién es horrible?

He estado alrededor de modelos que han sido consideradas como grandes bellezas, a pesar de su personalidad. Recuerdo a una en particular que iba al mismo gimnasio que yo en Londres. Era muy conocida por su atroz temperamento y detestables modales y los monitores se iban a cualquiera otro lugar cuando ella estaba allí. Nunca olvidaré la ocasión en que estaba en la solicitada clase de Pasos, en los días en que se había hecho tan popular que tenía que reservarse con anterioridad. Justo en el momento en que estaba a punto de empezar nuestra clase, la modelo, a la que llamaré Sarah, apareció y ocupó una posición en la que claramente no había espacio. El profesor le pidió que se fuera, señalando que la clase estaba completamente llena. Sarah protestó diciendo que había conseguido un tíquet y que no estaba dispuesta a abandonarla. Obviamente había un error y no le hubieran tenido que vender el ticket, pero Sarah no quería saber nada del tema. Rechazó marcharse, mientras los otros veintisiete la observábamos estupefactos. Finalmente, otro asistente se ofreció a marchar y la clase pudo continuar, pero el ambiente estaba envenenado.

Cuando miré la cara de esta joven mujer, no vi la deslumbrante belleza que me miraba desde las portadas de las revistas. Vi una persona horrible, sin una pizca de calidez, humanidad o brillantez. Era simplemente un ser humano profundamente desagradable, mezquino y obsesionado por sus propias necesidades y deseos. Éste es el tipo de persona que es horrible, en lugar de alguien con un particular conjunto de características físicas.

La tragedia es que hay muchas personas que creen que son horribles cuando en realidad no lo son. Y, como dice la actriz cómica Joan Rivers: «Las cicatrices físicas que causa la creencia de que eres horrible dejan huella permanente en tu personalidad».

Así es que hazme el favor de comprender que lo horrible o lo estupendo van más allá de lo que te han enseñado a creer. Sólo hay personas horribles o personas estupendas, nunca caras estupendas u horribles, y que en todo momento te estás dirigiendo en una u otra dirección. Asegúrate de que aprovechas la distinción y de que te sitúas firmemente en el camino de lo estupendo.

GENTE ESTUPENDA

Hugo es alguien que distingue sin esfuerzo lo que lo conduce a ser estupendo. A la edad de treinta y dos años tenía una sobrepeso de 12 kilos, se dejaba las uñas en carne viva y desde la escuela no había vuelto a pisar un gimnasio. No se trataba del galán Hugh Grant, aunque era uno de los hombres más atractivos y carismáticos con el que nunca me había cruzado.

Era igualmente popular y atractivo para los hombres y para las mujeres y el individuo más experto socialmente que nunca había visto. Su trabajo en el mundo de la música lo ponía en contacto con algunas de las estrellas del pop más famosas del mundo y se mostraba tal como era cuando estaba con ellas, tan cómodo en su compañía como lo estaba con cualquier otra persona. Trataba a todo mundo por igual. Siempre estaba invitado en las mejores fiestas de Londres y casamientos y muchas estrellas lo consideraban su mejor amigo. Era adorable con las mujeres y nunca tenía problemas para atraer a las chicas más increíbles, a pesar de que era la persona menos presuntuosa con la que pudieses toparte. Se encontraba completa e intrínsecamente a gusto consigo mismo, y esto no sólo cuando adelgazó, dejó de fumar o de morderse las uñas, sino tal y como era. Hugo era completamente estupendo, aunque nunca se había entrenado así mismo para serlo ni había pensado nunca es serlo. Simplemente, lo era.

Por supuesto, siempre hay una razón. No acabas por conseguir un atractivo de este tipo sin razón alguna. Y ésta era la razón: Hugo había recibido un regalo de sus padres que sólo muy pocos de nosotros tenemos la suerte de recibir. El regalo del amor incondicional de ambos padres. Había sido apreciado y adorado desde el principio por ser como es, no por lo que pudiera ser o lo que ellos querían que fuese. Había recibido un amor total y completamente compresivo, sin dependencias ni condiciones. A pesar de que su padre fue una muy importante personalidad del servicio de inteligencia del ejército británico, Hugo nunca fue presionado para que siguiera estos impresionantes pasos. Cuando a una edad muy temprana se hizo patente su talento musical, sus padres se alegraron de que pudiera seguir sus propios pasos, muy lejos de la fastuosidad militar o de la carrera diplomática. Cuando decidió no seguir una carrera a tiempo completo como músico, a pesar de su prodigioso talento, tampoco hubo problemas.

Esta aceptación inequívoca lo situó en un camino libre de las inseguridades y dudas que persiguen a tanta gente, incluso la tocada por un don divino de belleza. El autoodio o las ansias por parecerse a alguien o por ser aceptado nunca figuró en el guión de Hugo. Así que Hugo simplemente espera gustar y que su naturaleza y humor agradables siempre sean recibidos con entusiasmo.

Heather Mills es otra persona estupenda de verdad. A los veintisiete años lo tenía todo: un apasionante novio, una carrera de modelo que estaba empezando a despegar y una glamurosa vida en Londres. Un día de agosto de 1993, salió a comprar a la calle Kensington High, en Londres, y bajó de la acera, justo cuando pasaba una moto de un policía. Los doctores se vieron obligados a amputar la parte inferior de su pierna izquierda.

En el hospital, Heather recibió la visita de un consejero, que le habló sin rodeos: «Debes aceptar que los hombres ya no se sentirán atraídos por ti».

Este despiadado comentario hubiese podido ser devastador, pero Heather contesto: «Mira, querido, aunque perdiera todos mis brazos y mis piernas continuaría siendo mucho más atractiva que tú». ¡Vaya chica!

Desde entonces ha hecho una carrera que ha venido a probar cuán equivocado estaba aquel consejero. Ha desafiado las percepciones populares sobre las personas minusválidas, posando en ropa interior de forma seductora, ha tenido un buen ramillete de amantes por elegir y hasta no hace mucho esposa de sir Paul McCartney. E incluso más, ha utilizado su fama recién adquirida para conseguir cientos de miles de libras para las víctimas de minas de tierra en zonas de guerra de todo el mundo, tales como Bosnia y Kosovo. Heather Mills no tenía más remedio que ser estupenda, y su apariencia como modelo es sólo una parte de la fotografía, junto con su vitalidad, resolución interior y verdadero músculo.

¿CÓMO LIMITAS TU ATRACTIVO?

Si aceptamos que estás entrenando a cualquier persona para que te vea y te trate de una manera determinada, tenemos que encontrar qué tipo de instrucciones, claves y mensajes le estás enviando. He trabajado con algunas personas muy atractivas que estaban enviando pésimos mensajes sobre el nivel de percepción de su atractivo o sobre cómo pensaba que serían vistos por los demás.

Ejercicio

Para erradicar cualquier mala creencia, tienes que aparcar y tomarte cinco minutos para completar este ejercicio. Como siempre, completa las afirmaciones con la primera respuesta que te venga a la mente. No te preocupes si te repites. ¡Hazlo!

1. *Mi pensamiento más negativo sobre mi apariencia es...*
2. *Otro pensamiento negativo que tengo sobre mi apariencia es... (repítelo cinco veces).*
3. *Por encima de todo, el pensamiento más negativo que tengo sobre mi apariencia es...*
4. *Algo que aprendí de mi madre/padre sobre mi apariencia es...*
5. *Algo más que aprendí de mi madre/padre sobre mi apariencia es... (repítelo cinco veces, separadamente para cada uno de tus progenitores si te proporcionaron mensajes diferentes).*
6. *Por encima de todo, lo principal que aprendí de mi madre/padre sobre mi apariencia es...*
7. *El principal mensaje sobre mi apariencia que proyecto hacia los demás es...*
8. *Lo que espero que hombres/mujeres (suprime lo adecuado) piensen de mi apariencia es...*
9. *Las formas en que esto me paraliza son...(cinco).*

Hemos tenido que erradicar todas tus creencias y pensamientos improductivos aquí. Recuerda, se trata sólo de hábitos emocionales, aunque pienses que los tienes para siempre. Pueden ser tan familiares que les sientas como si formasen parte de ti. No forman parte de ti, pero tenemos que deshacernos de ellos si es que te sientes tan apegada que has terminado por creer que son verdad. Sólo serán verdad si continúas alimentándolos y eliges continuar creyendo en ellos.

Considero que estas creencias y autoconceptos son profundamente personales y privados. Puede que nunca los hayas admitido ante nadie más hasta ahora. Está muy bien que los hayas arrancado de raíz aquí. Aplicaremos los mismos métodos que hemos aplicado antes a fin de erradicar estas creencias y reemplazarlas con alternativas productivas que te darán mejores resultados.

Un pensamiento asentado sorprendente común que he encontrado tanto en hombres como en mujeres es que se ven a sí mismos como... gordos y horribles. Y esto incluye a muchos personajes glamurosos de los que se podría asumir que están completamente felices de su apariencia.

Vamos a trabajar con este pensamiento y otros que puedes plantear y vamos a darles la vuelta:

- *Ya no necesito más creer que estoy gordo o que soy horrible....*
- *Ya no necesito creer más en los pensamientos que sobre mí tenían mi padre o mi madre.*
- *Me he liberado de los pensamientos que mi padre/madre tenía sobre mí.*
- *Ahora aprecio mi belleza y atractivo naturales.*
- *Soy maravilloso tal como soy.*
- *Me gusto.*
- *Me quiero y me doy mi aprobación.*
- *Ahora elijo apreciarme a mí mismo tal y como soy.*
- *Ahora irradio vitalidad.*
- *Me doy mi completa aprobación, sobre todo en presencia de hombres/mujeres.*
- *Apruebo completamente mi cuerpo, especialmente en presencia de hombres/mujeres/mi pareja/nombre específico.*
- *Estoy siempre relajado y en paz, desenvuelto y sereno.*

Elige tres de estas creencias de reemplazo con las que empezar a trabajar. Cámbialas o añade lo que creas necesario para hacerlas más personales y más potentes para ti. Empieza hoy y en treinta días habrás recorrido un largo trecho para incorporarlas como verdaderas y adecuadas. Escríbelas como mínimo diez veces al empezar la mañana y diez veces por la noche, cuando tu subconsciente está más receptivo a la programación.

Repítelas para ti mismo a lo largo del día, puesto que la repetición es la clave para programar el modo como te ves a ti mismo y lo que crees que es verdad sobre tu apariencia. Ocasionalmente, escribirlas o repetirlas para ti mismo puede no ser suficiente. Has absorbido tus creencias improductivas a fuer de repetidas por una figura de autoridad y/o repitiéndotelas a ti mismo. Debemos utilizar semejante método altamente efectivo para reemplazarlas. Funcionó antes y funcionará ahora. Tu futuro depende de tus pensamientos conscientes. Cuando empieces a controlar tu mente, tus nuevos pensamientos conscientes crearán nuevos programas subconscientes. Del mismo modo en que puedes desarrollar programas subconscientes para conducir un coche, puedes desarrollar programas subconscientes para tener más éxito y verte a ti mismo más atractivo. Pero es algo que conllevará disciplina de pensamiento y algún tiempo. No se trata de ser positivo por un día. El fortalecimiento de tu mente es como el fortalecimiento de tu cuerpo. Si haces veinte flexiones para mirarte de inmediato en el espejo, no verás ninguna diferencia. Por eso, si sólo piensas en positivo durante veinticuatro horas, observarás poca diferencia. Pero controla tu pensamiento durante unos meses y verás cambios en tu vida más grandes de los que nunca hayas visto en un gimnasio.

Te he señalado que tu nivel de atractivo y su prolongación hacia los demás es un reflejo de tus pensamientos conscientes más comunes. Limpia tu modo de pensar y empezarás a verte de un modo completamente nuevo. La norma es la siguiente: para verte estupendo, debes estar convencido de que lo eres. *Debes* creer que lo eres. Como solía decir mi padre, el mejor, el nunca superado vendedor de Irlanda del Norte: «Sólo puedes vender aquello en lo que crees». Así que convéncete tanto como puedas, sé entusiasta y apasionado y sólo entonces podrás salir a venderte a los otros. *Convéncete primero a ti mismo* fue su regla número uno y él fue el mejor.

La realidad que experimentas en tu vida consta de aquellos pensamientos, creencias y opiniones que hayas impreso en tu mente subconsciente. Tu subconsciente no puede discutir. Actúa sólo a partir de lo que lo alimentas, de las instrucciones que le das. Por eso, tus pensamientos se convierten en tus experiencias. Recuerda que tienes la capacidad de elegir los pensamientos, así que elige bien. Elige creer en tu propia belleza intrínseca, en tu atractivo y en tu esplendor. Permítete brillar y prepárate para que otros admiren tu brillo.

Una buena manera de evaluar tu progreso es escuchar la respuesta de aquellos que te rodean. Cuanto más intensamente sientas la nueva verdad, con más fuerza irradiarás y más pronto experimentarás la respuesta. Escucha cómo los otros utilizan las palabras que afirmas para ti mismo.

Le pedí a una clienta, Tesa, que hiciera esto y al cabo de una semana de reafirmar su esplendor empezó a escuchar comentarios sobre lo estupenda que era de un novio que nunca antes había realizado ningún comentario sobre su apariencia. Sé aplicado, haz los deberes y te prometo que conseguirás resultados. Puede que sea gradualmente, pero mantente firme y un día te darás cuenta de repente de lo mucho que has avanzado. ¡Te habrás convertido en la estupenda criatura que siempre has sido!

LA ESTRATEGIA INFALIBLE PARA AUMENTAR TU CAP

Aquí está mi infalible y personalmente garantizada estrategia para que tu CAP —Coeficiente de Atractivo Personal— alcance altísimos niveles.

PRIMER PASO: CONSIDÉRATE ESTUPENDO A TI MISMO

Tienes que hacer *todo lo que esté en tus manos* para convencerte de que eres estupendo antes de podérselo vender a los demás. El lugar donde empezar no está fuera, esto vendrá un poco más tarde, sino en el interior.

Pregúntate ahora mismo: «¿Cómo quiero que me vean los demás?» y decide verte a ti mismo de ese modo. Coloca las palabras o las frases en una oración con un orden adecuado y productivo y *afírmalo con fanatismo*. Un ejemplo muy simple sería: «Me veo estupendo y cualquiera puede verme estupendo».

Lo más divertido del caso es que cuanto más atractivo te veas a ti mismo, mejor apariencia tendrás en realidad. Tengo clientes que confirman esto todo el tiempo. Una en particular, Monica, ahora recibe comentarios tanto de hombres como de mujeres que le dicen cuán joven, delgada y atractiva está más ahora que diez años atrás. Un amigo que no había visto desde hace diez años sintió que ella había dado diez años de marcha atrás al reloj. Hay que reconocer que había adelgazado un poco, pero el gran cambio es que había aumentado su CAP en al menos un trescientos por ciento, lo cual había provocado un cambio en su modo de prestar atención a su apariencia. Pero Monica brillaba desde dentro; el pintalabios era sólo la punta del iceberg.

Como en una ocasión un amigo muy inteligente dijo: «¡No pintarías en una pared sucia!». Tienes que conseguir una buena limpieza interior para aparecer brillante en el exterior.

Segundo paso: sé una persona estupenda

Recuerda: no hay caras horribles; sólo personas horribles. Asume esta ley y estarás en el buen camino para doblar tu esplendor durante la noche. Entrénate a mirar a la gente de ese modo y empezarás a ver belleza y atractivo con una luz más intensa. Puesto que todos nosotros hemos sido condicionados a ver la belleza en forma superficial, con imágenes estereotipadas, tenemos que ampliar nuestro campo de visión conscientemente para incluir una percepción mucho más amplia de belleza y atractivo.

Decide qué cualidades juzgas como extraordinarias, haz una lista y comprométete a proporcionar más cualidades de ésas en tu propia personalidad. Observa a tu alrededor a todos aquellos que son estupendos en el sentido más amplio. Pregúntate qué es lo que hace que esas personas atraigan a los demás y te impresionen. Inspírate en esos individuos y cultiva las mismas virtudes en ti mismo.

¿Recuerdas a Hugo, que es estupendo por ser quien es? Su marca particular de esplendor incluye brillo, humor, generosidad, humildad y un natural y genuino gusto y respeto por los demás. Tiene el don de hacer que los otros se sientan apreciados y valorados y, por lo tanto, a gusto con ellos mismos.

Todas las cualidades de Hugo son difíciles de tener, pero ésa es la esencia real de su esplendor y la razón de su magnético atractivo. Cultiva esta única cualidad y verás la diferencia en una semana. Y si eres bueno en ello, en apenas un día. Para hacerlo bien, tienes que darle un sentido. Olvídate de las adulaciones, que harán que los demás se sientan obligados. Entrénate a ver las cualidades y las destrezas de los otros y proyéctalas hacia ellos de forma apropiada. Conviértelo en un hábito que practiques a diario y pronto será automático. El efecto que hace en los demás es fenomenal. Te darás cuenta de cómo resplandecen al ver alimentado el sentido positivo de quienes son.

Asegúrate de que ofreces estos halagos positivos como un regalo. No lo hagas esperando algo en compensación. Lo que conseguirás es una gran sensación, cuando veas su respuesta, y la posibilidad de ponerte a punto y refinarte como persona. A medida que aumentas tu compasión aumentas tu propia vibración personal, tu campo energético, que debes conocer como tu aura. Éste es un paso intrínseco en tu viaje hacia el verdadero, cautivador y profundo esplendor.

Tendrás una gran sensación cuando veas tus cualidades apreciadas y reconocidas por una persona diferente, que realmente «capte» quién eres tú. Cuando hago esto con mis clientes, vuelven a menudo con una gran impresión por poco reconocimiento que hayan recibido de cualquier otra persona.

Piensa en algunos de los seres humanos más compasivos del planeta: el Dalai Lama irradia y cautiva a todos los que lo ven; su carisma puede llenar un campo de fútbol. Las figuras espirituales indias como Sai Baba y Madre Meera tienen un carisma parecido.

Tercer paso: sé estupendo por fuera

Una vez hayas hecho el trabajo interior, ha llegado el momento de ver cómo te presentas en el exterior. Aparentar lo mejor y conseguir lo mejor de ti mismo es aquí el objetivo. Cuanto más pienses en ti mismo, más te valorarás y más te esforzarás en tu apariencia personal. Y, por supuesto, al hacer esto estás enviando un mensaje, alto y claro, de que estás orgulloso de tu apariencia física porque la estás haciendo valer.

Las personas —la mayoría de las veces mujeres— que no gastan dinero, tiempo y esfuerzo en arreglarse, a menudo son mártires y se ponen pesadas al preocuparse de las necesidades de cualquier otro por encima y más allá de sí mismas. Suelen ser las personas que se involucran en una carrera de voluntariado para hacerse cargo de los demás, que hornean los pasteles para las fiestas, que van de campamento con los Scouts, que hacen cualquier cosa salvo tomarse algún tiempo para mirarse y honrarse a sí mismas.

Hace poco me encontré con una mujer que era un ejemplo perfecto de este tipo de conducta. Siempre ponía a su esposo e hijos por delante de sí misma e iba desgreñada y sin arreglar con tal de atender las necesidades de ellos. Estaba continuamente exhausta porque se ofrecía como voluntaria para cualquier cosa salvo para tener un trabajo. Le señalé que su conducta no ayudaba a nadie. Estaba, en efecto, enseñando a sus hijos que ella no era importante; estaba transmitiéndoles el mensaje de lo que obviamente creía sobre sí misma. Si esto te suena familiar, páralo inmediatamente.

No tienes que ser la sirvienta de nadie para justificar tu existencia. Relájate, tómate un respiro y mírate. ¿Cuándo fue la última vez que fuiste al peluquero, te hiciste la manicura, te envolviste en algas o en barro, fuiste a una sesión de *shiatsu* o pasaste por un tratamiento corporal de aceite caliente o cualquier otra cosa que sirviera para arreglarte y tener un poco de atención para ti misma? A menos de que brilles o resplandezcas en el exterior, estás devaluando tu valía personal y dejando que otros también te devalúen. Lo que estás transmitiendo en realidad es que no tienes demasiada importancia. Así que asegúrate de que al menos estás cubriendo lo esencial. Hazte el mejor corte de pelo que puedas. Nunca te tiñas sola el pelo; deja que lo haga un profesional. Si no estás a gusto con tu cuerpo, haz algo al respecto de una vez por todas. Puedes elegir. Puedes decidir estar completamente feliz con el modo en que eres o puedes cambiarlo. Si decides cambiar y te lo puedes permitir, considera la contratación de un entrenador personal y entrénate intensivamente durante seis semanas. Después puedes calmarte, cuando estés arriba y caminando, por decirlo de algún modo. En cuanto veas algún progreso, te resultará más fácil conservar el impulso. Considérate como alguien a quien le gusta el ejercicio y serás estupenda.

Vístete sólo con la ropa que te guste. Transmitirás más vibraciones positivas sobre ti misma cuando lo hagas. Acostúmbrate a revisar tu ropa antes de ponértela. Nunca lleves nada sólo porque es cómodo. Primero y más importante, asegúrate de que te sientes cómoda con tu proyección. Ni siquiera en privado te pongas ropa «degradante». ¿Por qué? Porque estás degradando el modo como «te» ves, así que aunque nadie te vea, «tú» sí te estarás mirando.

Historia de Vanessa

Hice cumplir esta norma a Vanessa, una clienta que quería verse con mucho más estilo y más atractiva que nunca antes. Me desveló que su armario contenía la poca ropa que llevaba siempre. Sacamos su descuidado y «cómodo» equipo de fondo de armario y pusimos el completo y nuevo repertorio que necesitaba para sentirse cómoda y que le permitía verse de un modo nuevo y más luminoso. Su modelo de elegancia era Audrey Herpburn, con estilo y glamuroso. Vanessa salió a comprarse maravillosos y caprichosos pantalones, zapatos con tacones de aguja y algunos conjuntos.

Tuvo que entrenarse para sentirse a gusto y cómoda con esta nueva apariencia, que pronto apareció sin esfuerzo y completamente a tono con ella. Esto comportó mantenerla durante todo el tiempo. En los primeros meses incluso rechacé dejarla arreglar el jardín con ropa descuidada; sólo le permitía llevar unos jeans estilosos y sexys con apariencia de usados.

Estar chic sin esfuerzo no es cualquier cosa. Tardamos tres meses para que funcionara, pero valió la pena. La mayor compensación consistió en que transformó la visión que tenía de sí misma por completo. Vanessa empezó a verse a sí misma como la estupenda, atractiva, y bellamente vestida mujer en que se había convertido.

La belleza importa. Y no es bueno pretender que no importa. La confianza también cuenta mucho. Es la confianza lo que le da un nuevo cariz a lo que es atractivo. El psicólogo Oliver James, autor del libro *Britain on the couch*, dice: «Las investigaciones demuestran que un ochenta por ciento de mujeres no están contentas con su apariencia, lo que nos deja sólo un veinte por ciento que sí lo están. Sospecho que ese veinte por ciento no son las más bellas, pero lo parecen. Probablemente, las características que comparten es que tienen un sentido positivo del bienestar y un fuerte sentimiento de estar encantadas con ellas mismas. Desde un punto de vista masculino, si una mujer está de verdad a gusto con ella misma, irradia autenticidad y tiene una autoestima tangible, aunque no sea sensacional o no posea una gran figura, será percibida como extremadamente atractiva».

Lo mismo es verdad también para los hombres. A las mujeres les atraen los hombres que se sienten bien con ellos mismos, sin que sea importante la forma que tienen o la cantidad de pelo. La evidencia de que la confianza es un poderoso ingrediente de lo atractivo fue confirmada por una investigación llevada a cabo por el doctor Nichola Rumsey de la Universidad de West of England.

El equipo de investigación contrató a una actriz para que representara el papel de investigadora de mercado. En varias ocasiones le pintaron una mancha de vino en la cara. Ella, por su parte, tenía que modificar los niveles de confianza que mostraba. «Nos dimos cuenta de que nos formábamos impresiones más favorables de la actriz cuando estaba desfigurada, pero también que poseía unas elevadas habilidades sociales», dice el doctor Rumsey. «Nos dimos cuenta de que eran sus diferentes niveles de confianza lo que había polarizado la visión que la gente se había hecho sobre ella y su apariencia.»

James Partridge, que sufrió graves quemaduras en un accidente de coche, ha puesto en marcha una organización benéfica llamada «Changing Faces» que ayuda a la gente a sentirse confiada frente a los sentimientos que comporta la desfiguración. James dice: «Mientras estaba pasando por un montón de operaciones de cirugía estética, de repente me di cuenta de que no era lo presentable de mi cara lo que iba a contar, sino la forma en que yo conviviera con ella. Si ayudaba a otra gente a resolver el problema conmigo, no necesitaría pasar más por el quirófano. Ahora le doy valor a mi singularidad. Todos somos únicos y yo soy un poco más único... lo cual me brinda un montón de autoestima. Sé que en el interior me siento bien conmigo mismo y reconozco que irradio esto».

Así que olvídate de aparentar perfección. Usar la energía para convertirte en alguien con más confianza, más relajado, interesante y divertido es una ruta más segura hacia un mayor atractivo. Los franceses le dicen a esto «sentirse bien en la propia piel».

Ninguna discusión sobre la apariencia o la confianza estaría completa sin mencionar la cirugía plástica. Ganar confianza es la razón más frecuentemente utilizada para pasar por la cirugía plástica. La cirugía plástica puede ayudar en algunas ocasiones, pero no tiene por qué ser necesariamente la gran baza. «¡El año pasado me hicieron un trabajo de nariz», dice Tania, con dieciocho años. «No cambió mi vida, salvo que antes tenía por costumbre fijarme en la gente con narices pequeñas y ahora me fijo en la gente con narices grandes y envidio su confianza.»

Hay muchas personas que se sienten bien en su propia piel, incluso aquellos que, a pesar de recibir presiones de los estudios cinematográficos o publicitarios, rechazan cambiar la forma de sus rostros y, no obstante, prosperan a causa, y no a pesar de, sus defectos. ¿Cómo? Por supuesto, gracias a su invencible confianza.

Paso cinco: hazte feliz

Lo he dicho antes y lo diré una vez más: llegas solo a este mundo y te marcharás solo de este mundo, así es cuida bien de ti. Cuanta más responsabilidad tengas en tu cuidado y en tu satisfacción, más atractivo serás para los demás.

Deja que me explique. No hay nada menos atractivo que la desesperación. La ansiedad neurótica, tanto en hombres como en mujeres, es profundamente desagradable y poco atractiva. Muéstrate un poco misterioso y serás más deseable. Cuanto más control tengas sobre ti mismo, más posibilidades tendrás de una felicidad a largo plazo. Deja que los otros vean que hay algo más que lo que se puede ver a simple vista; algo que es asunto tuyo.

Reserva más de ti mismo para ti. Si otros deciden extender sus entrañas sobre la mesa de la cena, está bien; están en su derecho. *Tú* no lo crees conveniente. Bajo ninguna circunstancia te sientas obligado a unirte a ellos con tu propia confesión; no importa cuántos tequilas hayas compartido. Por la mañana no lamentarías. Revela sólo aquello con lo que te sientas cómodo. Especialmente si tu relación es profesional y corres el riesgo de revelar información o puntos de vista a los que otros no tiene por qué interesarles cuando amanezca.

HISTORIA DE DAVID

DAVID ERA UN CLIENTE A QUIEN INTRODUJE A VARIOS PRODUCTORES DE TELEVISIÓN PUESTO QUE SU META ERA SER PRESENTADOR. TUVIMOS UN MARAVILLOSO ALMUERZO Y TODO IBA DE MARAVILLA; TODO EL MUNDO SE MOSTRABA DE ACUERDO EN QUE DAVID ESTABA «HECHO PARA LA TELEVISIÓN» Y PROMETIENDO HACER TODO LO QUE ESTUVIERA EN SUS MANOS PARA PROMOCIONARLO.

DESPUÉS DEL ALMUERZO CADA UNO SE FUE POR SU LADO Y DAVID ACOMPAÑÓ A JANE, UNA DE LOS PRODUCTORES, A SU CASA. CUANDO HABLÉ CON JANE AL DÍA SIGUIENTE SU OPINIÓN SOBRE DAVID HABÍA CAMBIADO TOTALMENTE. HABÍA PERDIDO TODO INTERÉS EN AYUDARLO Y LE HABÍA PARECIDO UNA PERSONA BASTANTE DESAGRADABLE.

ESTABA DESCONCERTADA Y LLAMÉ A DAVID INMEDIATAMENTE PARA VER QUÉ ERA LO QUE HABÍA OCURRIDO. FUE UN LARGO TRAYECTO Y JANE HABÍA HABLADO DURANTE MUCHO RATO SOBRE RELACIONES AMOROSAS Y ASUNTOS PROFUNDAMENTE PERSONALES, BUENO, ÉSA FUE SU ELECCIÓN. EL ERROR CONSISTIÓ EN QUE DAVID CORRESPONDIÓ A LAS REVELACIONES CON OTRAS REVELACIONES. Y DESAFORTUNADAMENTE NO TODO LO QUE DAVID COMPARTIÓ MERECIÓ LA APROBACIÓN DE JANE NI COINCIDIÓ CON SUS PUNTOS

DE VISTA E INMEDIATAMENTE VIO A DAVID BAJO UNA LUZ DIFERENTE. DAVID PENSÓ QUE SE HABÍA MOSTRADO AMISTOSO, PERO NO FUE ASÍ. HABÍA SIDO INDISCRETO, QUE ES ALGO COMPLETAMENTE DIFERENTE Y EN ESTE CASO, CASI DIO AL TRASTE CON SUS POSIBILIDADES DE INVOLUCRARSE EN LA CARRERA DE LA QUE TANTO HABÍA ESPERADO.

Para y cultiva más autocontención. El ansia constante de gustar o de ser amado, aceptado o de recibir la aprobación de los demás te alejará de tu centro, te comerá tu energía personal, tu alma verdadera. Y el carisma y el atractivo no pueden florecer en semejantes condiciones. La única respuesta es que te cuides más y no muestres tan a menudo tus necesidades. Apréciate y de ese modo ya estás querido, valorado y respetado. Y, sobre todo, no necesites a alguien hasta el punto de traicionarte pensando que no puedes vivir sin él. Lo conseguirás. Recuerda que el desafío es construir confianza suficiente para no tener en cuenta si la gente te toma en serio o no, o si te encuentra atractivo. Se trata de construir algo profundo en tu personalidad y de vivir con tu propio respeto y aprobación. ¿Y por añadidura? El resultado es que eres una persona más atractiva, interesante y fascinante. Buen trabajo.

TU TAREA

Quiero que hagas dos cosas que completen tu búsqueda de atractivo. En primer lugar, quiero que te preguntes cómo alguien que te observase podría saber que te aprecias a ti mismo y que te consideras estupendo. ¿De qué te tienes que ocupar, qué es lo que necesito añadir, alterar? Sea lo que sea, quiero que cojas el teléfono y tu agenda ahora mismo. Llama al peluquero más elegante que puedas conseguir, pide cita para un masaje o para hacerte la manicura o para una sesión con un entrenador personal. En segundo lugar, quiero que *actúes como tal*. Deja que te explique lo que quiero decir con una historia.

Un día me encontraba en una cafetería cuando vi al hombre más divino en unas mesas alejadas. Estaba a punto de contactar con él con los ojos cuando me di cuenta de que no estaba maquillada ni bien vestida. Así es que probé un experimento. Hice como si llevara mi vestido más sexy y mi maquillaje más glamuroso. Me di confianza extra diciéndome que tenía una apariencia fantástica y le capté la mirada y le sonreí.

Su respuesta fue exactamente la que yo quería y la que hubiera esperado si hubiese estado sensacional. Me sonrió y pasamos algunos minutos deliciosos flirteando como locos. Quiero que hagas exactamente lo mismo, durante una semana. Quiero que hagas como si fueses el más estupendo ser que atrae a hombres/mujeres adonde quiera que vaya. Hazlo y te *prometo* que te darás cuenta de la diferencia. De hecho, sin duda decidirás ir así para el resto de tu vida.

Y RECUERDA...

Elige ser una persona estupenda ahora mismo.

> *Eres tan atractiva como piensas que eres.*
>
> *Actúa de forma estupenda y empezarás a sentirte estupenda.*
>
> *Trátate como alguien estupendo y los demás empezarán a seguir tus pasos.*
>
> *Haz siempre el esfuerzo de aparecer maravilloso.*
>
> *La confianza en uno mismo es atractiva.*
>
> *La gente estupenda hace que los demás se sientan valorizados y estupendos.*

9

Aparenta ser y sentirte maravilloso para siempre

¿Cuántos años sientes que tienes en este preciso momento? ¿Más viejo de lo que eres? ¿Más o menos de la edad que tienes? ¿Años más joven? ¿Has saltado de la cama esta mañana de forma positiva y con energía para hacer cualquier cosa que quieras hacer? ¿O te has arrastrado, quejándote de que te sientes cansado y deseando continuar en la cama?

Las respuestas a estas preguntas son cruciales porque no hay modo de conseguir la vida fantástica que quiero y que quieres para ti si tus niveles de salud y de energía son bajos. Las personas con poca energía tienen que batallar con un depósito casi vacío para conseguir lo más básico de la vida. No tienen ni motivación ni resistencia para más. Eso no va a ocurrir contigo. Para vivir una vida motivadora, alcanzar tus metas y hacer lo que quieres hacer en la vida con entusiasmo y compromiso necesitas sacos de energía y excelentes condiciones de salud.

Esto es lo que voy a ayudarte a conseguir en este capítulo. Como ya sabes, quiero lo mejor para ti y quiero que hagas lo mejor. Así que esto incluye estar en las mejores condiciones de salud y tener unos niveles de energía que impresionen a quienes están a tu alrededor y que te disminuyan la edad. Quiero que aparentes estar y que te sientas maravilloso y que sepas cómo mantenerte en unas condiciones excelentes.

¿Por qué conformarte con seguir haciéndote viejo si no tienes por qué? ¿Por qué proclamar tu edad a los cuatro vientos si puedes elegir la edad que quieres? La edad nunca ha sido más moldeable ni las personas han vivido tanto como lo hacen ahora. Hace un siglo, la ancianidad estaba situada en los cuarenta años. Sólo una de cada diez personas vivía hasta los setenta y cinco. Hoy una persona de cuarenta años es joven y puede esperar vivir al menos otros cuarenta o cincuenta años. El término de mediana edad se ha convertido en un término tabú y anticuado. Ahora tenemos mediana juventud. La etapa que va de los treinta y cinco a los cincuenta años, cuando la vida solía caer en picado, es ahora una de las más ricas y excitantes de la vida. ¿Piensas en personas como Twiggy, con cincuenta y siete años, Lulu, con cincuenta y siete, Carol Vorderman, con cuarenta y seis, o Michelle Collins, con cuarenta y tres, como personas de mediana edad? ¿Crees que Madonna, con cuarenta y ocho, o Jerry May, con cincuenta, consideran que se les *ha pasado el arroz*?

¿Acaso Sting, con cincuenta y ocho, Mick Jagger, con sesenta y cuatro, Tom Jones, con sesenta y siete o Rod Steward, con sesenta y dos han cambiado las fiestas por el batín y las zapatillas? Viejo no significa lo mismo que solía significar. El mundo está lleno de personas que no son supuestamente viejas y que están haciendo cosas impresionantes y disfrutando del mejor momento de sus vidas.

El príncipe Constantin de Lichtentein se convirtió en la persona más vieja que participó en la carrera de Creta de 1998, cuando tenía ochenta y seis años. Fuera de discusión está Baba Joginder Singh, que ganó la medalla de oro en el encuentro de la Indian Nacional Athletics for Veterans en 1998. Tenía ciento cinco años. La maestra de yoga Nena Joyce se sentía feliz dando ocho clases de yoga a la semana en el centro de entretenimiento Seansea y se escandalizó cuando fue despedido por tener ochenta y dos años. Leisure World, un centro comunitario al sur de Los Ángeles, sólo admite a quienes tienen más de cincuenta y cinco años y son conocidos como los jóvenes de la ancianidad. Los 19.000 residentes abarrotan los campos de golf, piscinas y pistas de tenis y asisten a los espectáculos que ofrecen los más de doscientos clubes. La edad media de los residentes es de setenta y siete años, y hombres y mujeres de noventa años todavía van al gimnasio y disfrutan de la vida cien por cien.

¿CUÁNTOS AÑOS TIENES?

La edad no es algo tan simple como los años vividos. Hay tres formas distintas de medir la edad que deberías tener en cuenta cuando decides entre los años que tienes y los años que desearías tener.

- *Primero* está tu edad cronológica: el número de años, meses y días que has vivido.
- *Segundo* está tu edad biológica, la edad de tu cuerpo, medida en términos de procesos celulares y signos de vida críticos.
- *Tercero* está tu edad psicológica, que es simplemente la edad que sientes tener.

Sólo uno de estos tres aspectos está fijado: tu edad cronológica. Y es el menos solvente de los tres. Una persona de treinta y cinco años puede estar tan saludable como una persona diez años más joven, mientras que la siguiente puede tener ya un cuerpo de cincuenta años. Tu edad biológica es una medida mucho más efectiva porque muestra cómo el tiempo y la vida que has vivido han afectado a tus órganos. Pero es algo más complejo, porque algunos órganos pueden estar en buena forma y otros no. Tu vista puede haber disminuido, pero puedes tener mucha fuerza muscular, por ejemplo. Cuanto más viejo te haces más singular se hace tu cuerpo y evoluciona como el mapa de tu vida.

La edad verdaderamente significativa es la edad psicológica. Ésta tiene una enorme influencia en tu edad biológica, que puede ser cambiada en cualquier momento. El adoptar una actitud más positiva y un modo de vida más saludable puede reducir tu edad biológica de manera espectacular en algunas semanas.

Tu edad psicológica no tiene fronteras y puede ser modificada en segundos, simplemente a través de los pensamientos que elijas considerar. Elige sentirte joven y adoptar una perspectiva de juventud y tu cuerpo se volverá literalmente más joven.

Ejercicio

¿Te estás dejando llevar por los dictados de tu edad cronológica y las ideas preconcebidas que tienen sobre tu edad cronológica? Coge un bolígrafo y contesta las siguientes preguntas:

1. *¿Cuántos años siento que tengo?*
2. *¿Cuántos años aparento?*
3. *¿Hablo a menudo sobre el hacerme viejo o le echo la culpa a la edad sobre mi falta de habilidad para hacer algo?*
4. *¿Espero ponerme enfermo o engordar o moverme con lentitud en cuanto me haga viejo?*
5. *¿Qué tipo de salud espero disfrutar a los sesenta años? ¿y a los setenta años? ¿y a los ochenta años?*
6. *¿Creo que la ancianidad es una condición deprimente?*
7. *¿Creo que las posibilidades de vida se restringirán cuando me haga mayor?*

Bien. ¿Tienes la apariencia o te sientes mayor de lo que eres? ¿Has descubierto que tienes algunas ideas preconcebidas horribles y negativas sobre la ancianidad? Bien. Es mejor que cojas y que les eches una ojeada. Y después podremos adecuarlas para algo bueno.

LA VERDAD SOBRE EL ENVEJECIMIENTO

Tu cuerpo se está renovando constantemente, tu piel cambia una vez al mes, las paredes de tu estómago cada cinco días, tu hígado cada seis semanas y tu esqueleto completo cada tres meses. Hacia el final del año, el noventa y ocho por ciento de tu cuerpo será nuevo. Y todas y cada una de los millones de células que envuelven tu cuerpo y que constantemente se reemplazan a sí mismas tienen una inteligencia interior.

Hacerse viejo es lo que ocurre cuando los procesos corporales que deberían permanecer estables, equilibrados y en autorenovación se desvían de su recorrido apropiado. Y esto ocurre simplemente porque creemos que ocurrirá e inconscientemente enviamos este mensaje a nuestros cuerpos, que obedientemente lo cumplen.

El envejecimiento ocurre en gran medida porque lo esperamos y nuestros cuerpos captan el mensaje de que deben hacerse viejos. Estamos condicionados desde la infancia a esperar hacernos viejos y a ver determinados signos de envejecimiento a ciertas edades. Como Deepal Chopra, el pionero mundial de la medicina mente/cuerpo, dijo en su libro *Ageless Body, Timeles Mind*: «El envejecimiento parece ser algo que te ocurre cuando de hecho, en gran medida, es algo que tu cuerpo ha aprendido a hacer».

Sin embargo, personas sabias y jóvenes de todo el mundo están demostrando que si eliges conscientemente controlar los mensajes que le envías al cuerpo, puedes cambiar lo que le ocurre. Hasta hace poco, se creía que hay funciones corporales fuera de nuestro control consciente. Creíamos que cosas como los latidos del corazón, la temperatura o las operaciones de los órganos internos tenían su propio ritmo y funcionaban independientemente de nosotros. Sin embargo, algunos ejemplos extraordinarios han probado que no es así. Mira, por ejemplo, el santón indio Swami Rama, que mostró una sorprendente habilidad para controlar funciones corporales que se pensaba que eran completamente automáticas, utilizando simplemente su consciencia. En una ocasión provocó que la piel de un brazo se pusiera más caliente y la del otro brazo se pusiera más fría. Después de sólo un par de minutos, un brazo estaba completamente rojo y el otro completamente gris pálido. La diferencia de temperatura entre ambos era de unos diez grados Fahrenheit.

Muchas tradiciones espirituales enseñan el control del cuerpo a sus santones. Se espera que los monjes budistas tibetanos demuestren su control corporal con proezas como, sentados en un lago helado, derretir el hielo de su alrededor mediante una intensa meditación. Todo lo que ocurre en casos como éstos es que los santones han aprendido a utilizar su consciencia para controlar lo que ocurre en sus cuerpos, algo que cada uno de nosotros tiene la capacidad de hacer.

EL SECRETO DE LA JUVENTUD

Si quieres seguir joven, retener la sensación de bienestar y vivir una vida larga y saludable, debes cambiar los mensajes que le estás dando a tu cuerpo, en otras palabras, tu edad psicológica. Estos mensajes están basados en creencias que has ido acumulando a lo largo de tu vida, que estás transmitiendo constantemente a tu cuerpo, sea a nivel consciente o inconsciente.

Cada vez que dices, «me estoy haciendo mayor», «me estoy quedando sin memoria», «no tengo la energía que solía tener» o «esto es para los más jóvenes» tu cuerpo toma estas afirmaciones como claras instrucciones que debe cumplir. Los pensamientos, juicios y sentimientos que están en movimiento constante en tu mente son el resultado de las profundas creencias que profesas. Tu miedo al envejecimiento y tu creencia de que debes envejecer se convierten en una profecía autocumplida.

Cuando cambias los mensajes que envías a tu cuerpo, éste responde en consecuencia. En el minuto en que empiezas a verte como joven en lugar de como viejo, empiezan a aparecer cambios en tu cuerpo. La profesora Ellen Langer lo demostró en un maravilloso experimento que llevó a cabo en 1979. Ella y sus colegas de Harvard cogieron a un grupo de ancianos, de más de setenta y cinco años, y se los llevaron durante una semana a un centro vacacional en el campo. Cuando llegaron, el centro vacacional había organizado un tipo de vida que copiaba la que había existido veinte años antes. Había revistas, fotografías y música de esa época. Se les pidió a los hombres que se comportaran como si estuviesen en 1959, que discutieran sobre sus trabajos, sus familias y la política de entonces, como si fuesen veinte años más jóvenes. Se envió a un grupo de control a otro centro en el que no había cambio de época. Durante la semana, Larger y su equipo llevaron a cabo mediciones intensas de las edades de los sujetos. Querían descubrir si el verse a sí mismos como viejos o jóvenes tenía influencias directas en el proceso de envejecimiento.

Los resultados fueron notables. En comparación con el grupo de control, el grupo de 1959 mostró distintos signos de inversión de edad. Los ancianos mejoraron su memoria y destreza manual; se hicieron más activos y autosuficientes y sus rostros parecían unos tres años más jóvenes. Incluso cambiaron aspectos del envejecimiento que son considerados irreversibles. La longitud de los dedos suele acortarse con la edad, pero los dedos de esos hombres se alargaron; las articulaciones se hicieron más flexibles y enderezaron sus posturas. También mejoraron la fortaleza muscular, la audición y la visión. Casi la mitad del grupo aumentó la puntuación de coeficiente intelectual.

Este histórico estudio demostró, sin ninguna duda, que el comportarte como si fueses más joven y ser tratado como tal te *hará* en realidad más joven.

Ejercicio

Quiero que observes rigurosamente el modo como te hablas a ti mismo y hablas a los demás sobre el envejecimiento, ¿Qué frases utilizas? ¿Qué juicios proyectas? ¿Qué restricciones aceptas?

¿Cuántas veces te dices que algo es demasiado joven para ti, que tú ya lo pasaste, que te parecerías a «una oveja vestida como un corderito», que tienes que aceptar que te encuentras más cansado, que te sientes agarrotado, que pierdes memoria o que te están saliendo canas?

¿Cuán a menudo no haces algo a causa de tu edad? ¿Estás utilizando esta excusa para evitar una oportunidad de trabajo, una cita o una aventura? ¿Cuántas veces desearías haber hecho algo cuando eras más joven? ¿Cuántas veces te levantas por la mañana y te miras al espejo y te dices que te estás haciendo viejo y que tienes mal aspecto?

Quiero que arranques de raíz todas estas conductas acerca de la edad y las tires por la ventana. Insisto en que destierres todas estas declaraciones sobre la edad, todas las referencias posibles, a ti y a los demás, sobre hacerse viejo y todas las excusas basadas en la edad.

A partir de ahora quiero que te mires y te sientas de la edad que *quieres* ser. Hace mucho tiempo que dejé de decirle a la gente mi edad. Cuando me preguntan cuántos años tengo, les pregunto cuántos años creen que tengo. Inevitablemente dicen una edad inferior a mi edad cronológica y simplemente sonrío y me muestro de acuerdo. La sociedad está demasiado condicionada a etiquetar a todo el mundo por la edad y todos los prejuicios que conlleva la edad.

«¿Te imaginas haciéndolo a sus (de él/de ella) años?», oímos.

Quiero que dejes de estar de acuerdo con esta conducta encasillada y destructiva y que te liberes y liberes a otros de las restricciones de la edad. Deja de pensar de forma decadente y en declive. Sé de la edad que quieres ser y vive, vístete y actúa en consecuencia.

Historia de Gillian

Gillian llegó a mí porque pensaba que su vida estaba encasillada, no se había promocionado laboralmente y no había tenido ninguna cita desde hacía tiempo. Tenía cuarenta y un años, pero describió su estilo de vida como el de una persona mucho más vieja. Llevaba unos vestidos que eran francamente anticuados. Aunque tenía una buena figura, siempre llevaba colores grises y cremas apagados con un estilo muy poco arriesgado. Lo mismo pasaba con su pelo y maquillaje: un corte nada favorecedor y sin carmín ni colores brillantes.

A medida que hablábamos nos íbamos dando cuenta de que Gillian se veía a sí misma como una barrera para el trabajo y las relaciones que quería, sentía que ya estaba cuesta abajo hacia la vejez y la enfermedad. Le pregunté a Gillian si estaba preparada para hacer algunos cambios significativos y se mostró de acuerdo en seguir mis instrucciones al pie de la letra, sin importarle lo reacia que fuese. Empecé pidiéndole que eliminara todas las referencias al envejecimiento, tanto de su diálogo interior como del exterior, y que las reemplazara con referencias a la juventud. Tenía que referirse a ella misma y pensar en ella misma como joven y enérgica.

Después nos pusimos a trabajar en su armario, pelo y maquillaje. Se permitió el lujo de un inteligente y maravilloso corte de pelo y consultó a un especialista sobre los colores que la harían aparecer fantástica. Y resultó que los colores que mejor le sentaban eran el rojo, el lila y el azul. Se deshizo de sus tristes y viejos vestidos y empezó a llevar sus nuevos colores, que le hacían parecer diez

AÑOS MÁS JOVEN. DESPUÉS LE PEDÍ A GILLIAN QUE SE JUNTARA CON GENTE JOVEN Y QUE FUERA A LUGARES DIVERTIDOS Y DE MODA. PARA SU SORPRESA, GILLIAN SE LO PASABA MUY BIEN Y LE ENCANTABA SU NUEVA APARIENCIA Y ESTILO. AL CABO DE UN MES ESTABA TRANSFORMADA Y SUS AMIGOS LE PREGUNTABAN CUÁL ERA SU SECRETO PARA PARECER AÑOS MÁS JOVEN. TANTO LA PROMOCIÓN QUE QUERÍA COMO UN NUEVO NOVIO LLEGARON POCO DESPUÉS.

LOS SESENTA SON LOS NUEVOS CUARENTA

Quiero que pienses, que te comportes y que hables como alguien joven, tal y como hizo Gillian. Observa tu armario con ojo crítico y tira todo aquello que te haga parecer mayor. Los tiempos han cambiado. Los sesenta son ahora los cuarenta; cincuenta son los nuevos treinta. Lulu es un gran ejemplo de esto: a los cincuenta va como si tuviera cuarenta y cuatro años. Su figura es estupenda, su pelo magnífico. Y rezuma energía y amor por la vida. Lleva unas cazadoras y unos pantalones de piel de lo más elegantes, acepta peticiones de baile de hombres treinta años más joven y tiene una apariencia magnífica. Compárala con algunas de las otras cincuentonas de la televisión, algunas de las cuales parecen haber asaltado el armario de sus abuelas para disfrazarse.

Susan Sarandon es otro brillante ejemplo de apariencia joven. A los cincuenta y tres aparenta treinta y cinco. A diferencia de otras actrices de su edad, ha rechazado la cirugía plástica y posee una carrera tremendamente exitosa; rodó las mejores de sus películas después de los cuarenta y mantiene una relación con el actor Tim Robins, que es doce años menor que ella. Susan resumió su actitud sobre el envejecimiento cuando dijo: «Mejor que trabaje en mi interior y fortalezca mi espíritu en lugar de mi cara».

En efecto. El sentirse feliz y optimista reduce años en un instante. Piensa en aquellos tiempos en que, locamente enamorado, resplandecías y brillabas con tu vitalidad. Eso es lo que quiero para ti, desde ahora mismo.

Aquí tienes algunas declaraciones con las que quiero que te familiarices:

- *Estoy lleno de energía.*
- *Me encanta la buena salud.*
- *Me siento joven, fuerte y vivo.*
- *Tengo una buena memoria.*
- *Aparento menos edad de la que tengo.*
- *Puedo tener una buena apariencia con cualquier tipo de ropa que disfrute llevar.*
- *Me siento cada día más joven.*
- *Cada día tengo una mejor apariencia.*

Añade algunas declaraciones de tu propia cosecha y úsalas cada vez que tengas la tentación de recurrir a alguno de esos deprimentes prejuicios sobre el envejecimiento.

PARA EL RELOJ

Es totalmente posible demorar el proceso de envejecimiento. También es posible, tal y como demostró el experimento (*véase* pág. 190) de Ellen Langer, dar la espalda al reloj *y dar marcha atrás* a algunos signos de envejecimiento.

Obsérvate con cuidado y decide exactamente qué es lo que te gustaría cambiar y qué es lo que te gustaría mantener. ¿Cuáles son los signos de envejecimiento que te gustaría retrasar o darles marcha atrás? ¿Piensas que no se puede hacer? Detén tu escepticismo y sigue mi plan de diez pasos para «Parar el reloj» para parecer fabulosamente joven y prepárate para asombrarte y estremecerte.

COMPÓRTATE COMO UN JOVEN

Si quieres parecer joven, tienes que comportarte como si fueses joven. Mira a los niños y te darás cuenta de que nunca se están quietos. Se están moviendo todo el tiempo, llenos de energía inacabable. Aprende de ellos y rechaza hacerte lento. Nada envejece más que sentir que eres físicamente incapaz de moverte. Las personas mayores que se mueren antes son aquellas que se sientan en sillas y rechazan moverse el resto de sus vidas, así es que mantente en movimiento. Sujétate fuerte y baja escaleras, baila, camina, pasea, siente el placer de tener un cuerpo y ser capaz de usarlo. Recuérdate que no tienes ninguna necesidad de bajar la guardia y hacerte viejo. Hay montones de corredores de maratones de noventa años que probarán esta afirmación.

Vístete con ropa que te haga sentir joven, también. Ya no hay restricciones de edad para la ropa. Si te sientes a gusto con algo, póntelo. Si te sienta bien, es suficiente. Ignora las reacciones agrias. Ve a tiendas divertidas y originales y evita las aburridas que están a medio camino.

Adopta como ejemplo al diseñador de ropa interior Nicky Haslam, de sesenta y un años. Hace tres años se deshizo de su corte de pelo estilo *pompadour* por su corte negro y casi de raíz, se hizo un *lifting* facial y empezó a vestirse como un adolescente caprichoso y transformó su vida. Como le importaba un bledo lo que pudiese pensar cualquiera de su nueva apariencia, decía: «Bueno, yo no quiero vestir como mi madre; intento simplemente ser contemporáneo».

Ten gente joven a tu alrededor

Asumimos la conducta de aquellos con quienes pasamos el máximo de nuestro tiempo. Si pasamos mucho tiempo con gente mayor, acabaremos por sentir y comportarnos como gente mayor. Una conocida mía me probó esta afirmación muy vivamente. Había estado casada con un amigo mío y había sido una persona joven, divertida y moderna que llevaba magníficos vestidos y a quien le encantaban las fiestas.

Me encontré con ella hace poco y casi no podía creer el cambio. Dejó a mi amigo por un hombre quince años mayor que ella y después de estar cuatro años con él había envejecido de manera espectacular. Los vestidos divertidos y su corte de pelo con estilo habían desaparecido. Llevaba colores tristes y se había dejado crecer su pelo hasta conseguir un estilo poco favorecedor y que la envejecía. Había engordado y había perdido brillo. Había dejado de ir a fiestas puesto que a él no le gustaban y se dedicaba al jardín y a hacer punto. No es que haya problemas con el jardín o con el punto, salvo que sean un sustituto para tener vida.

Asegúrate de que pasas mucho tiempo con gente más joven. Pasa el tiempo con un grupo de amigos con los que te lo pases bien, vayas a sitios fenomenales y te hagan sentir bien.

Cambia tus puntos de vista sobre ser mayor

¿Cómo ves a la gente mayor? ¿Te imaginas que muchos de ellos no hacen nada más que estar sentados en residencias esperando morir, que su vida se ha terminado, efectivamente, que una vez que alcanzas los sesenta no tiene sentido intentar nada mas? Bueno, piensa otra vez. La verdad es que no hay más gente mayor que gente joven en las residencias. Sólo un cinco por ciento de la gente mayor necesita atención institucionalizada y sólo un cinco por ciento de la gente joven también lo necesita.

Cada vez más y más gente mayor se queda en casa, disfruta de la vida y realiza cosas nuevas e interesantes. Dejarlos de lado o tratarlos con condescendencia es un grave error. Y de todos modos, ¿quién es mayor? ¿Elizabeth Taylor, haciendo aspavientos por todo el mundo en los brazos de Michael Jackson con chaquetas de puños adornados con plumas? A sus setenta y seis años ya ha pasado de sobras la edad de la jubilación, pero todavía puede llenar un salón y parar la circulación por la cantidad de gente que espera verla. Joan Collins, otra jubilada de setenta y cinco años, tiene un compromiso con un hombre quince años más joven y posee una apariencia sorprendentemente glamurosa y atractiva. No hay razón alguna por la que no se pueda envejecer del mismo modo. A estas superestrellas les importa un bledo la edad que aparece en sus pasaportes; se dedican a vivir la vida y a asegurarse de que tienen un buen aspecto mientras la viven. Y más y más gente mayor está haciendo lo mismo.

El tipo de personalidad que envejece antes es la del tipo A, la de los perfeccionistas que piensan que todo lo tienen que hacer por ellos mismos y que no pueden soportar dejar de controlarlo todo. Si ése eres tú, ha llegado el momento de que te relajes y comprendas que es más importante vivir que batallar. Este tipo de personas padecen mucho estrés y a menudo son irritables y de difícil compañía. No son necesariamente los que consiguen más cosas, pero ciertamente son los más infelices.

Así que deja de intentar ser perfecto o tener todas las respuestas y vive un poco más. El peligro con el tipo A es que la vida pasará sobre ti mientras intentas completar todos los deberes de la lista.

¿Qué quiere decir vivir? Divertirse, intentar una aventura, hacer algo que siempre has querido hacer, sonreír, sentir el aire en el pelo, cualquier cosa, en definitiva que te haga apreciar el mundo que hay a tu alrededor y disfrutarlo.

Aprende a tomarte la vida relajadamente. No hagas de cualquier acontecimiento una crisis. Ahorra tu adrenalina para una emergencia *real* e intenta encogerte de hombros y seguir adelante cuando las cosas marchan mal. El psicólogo Geoff Lowe y el inmunólogo John Greenman, de la Universidad de Hull, realizaron un estudio cuyos resultados presentaron en la British Psychological Society en la primavera de 2000. A través de entrevistas a voluntarios, descubrieron que los sentimientos de culpabilidad debilitan, en realidad, el sistema inmunitario. La conclusión del doctor Lowe fue simple: «Deberíamos ser más positivos en relación con el placer, especialmente con las cosas cotidianas».

Sé más moldeable y ábrete al cambio. Los estudios sobre las personas que viven noventa o cien años han demostrado que saben sobrellevar el estrés, los cambios y las decepciones con facilidad y que se recuperan rápidamente cuando las cosas les salen mal. Así que decide ahora mismo aumentar tus niveles de adaptabilidad en tu personalidad y ser creativo en relación con el modo en que te enfrentas a las situaciones desafiantes.

Ejercicio

Los efectos del ejercicio regular en el proceso de envejecimiento son alucinantes. El ejercicio físico regular puede retrasar diez de los más típicos efectos del envejecimiento, tales como la presión arterial elevada, el exceso de grasa corporal, desequilibrios de azúcar y disminución de la masa muscular. Y la buena noticia es que nunca es demasiado tarde para empezar. Estudios sobre los ancianos han demostrado que el inicio de programas de ejercicios, junto con una dieta saludable, puede aumentar en diez años sus expectativas de vida.

Un equipo de Tuffs University en Estados Unidos cogió a un grupo de personas mayores delicadas, de entre ochenta y siete y noventa y seis años, de una residencia y las introdujo en un programa de entrenamiento para perder peso. Para sorpresa de todo el mundo, lejos de desplomarse por extenuación, les sentó de maravilla y al cabo de ocho semanas ganaron musculatura perdida en un trescientos por ciento. También mejoraron la coordinación y el equilibrio y disfrutaron de una vida más activa. Algunas de ellas habían sido incapaces de caminar sin ayuda antes de que empezara el programa. Después de éste, podían ir solas al lavabo, un acto de independencia que también restauró su dignidad.

Es más, el ejercicio va la mar de bien para tu vida sexual. Investigadores de la Newcastle University Medical School descubrieron que los hombres mayores que hacen ejercicio con regularidad tienen mayores niveles de testosterona, la hormona masculina que determina en gran medida la sexualidad de los hombres. Los niveles de esta hormona disminuyen con los años, teniendo como resultado la pérdida de interés y potencia sexual. Pero descubrieron que en hombres de entre cincuenta y cinco y sesenta y cinco años que corren más de sesenta y cuatro kilómetros a la semana los niveles de testosterona son todavía elevados. Si esto no es suficiente para convencerte de que vayas al gimnasio más próximo en este momento, recuerda entonces que el ejercicio también libera endorfinas, sustancias químicas del cerebro que te ayudan a sentirte bien.

Elige un ejercicio que te guste, ya sea la natación, la marcha, el *squash* o pasear. Te recomiendo que también consideres el yoga.

Quienes practican yoga con regularidad a menudo parecen años más jóvenes, como Rachel Welch, que le tiene gran devoción y a los cincuenta parece como mínimo quince años más joven. Además de ser algo estupendo para tu cuerpo y para tu mente, el yoga te hace sentir más joven porque terminas con una fantástica flexibilidad corporal y siendo capaz de hacer cosas que nadie puede hacer, como sostenerte sobre la cabeza.

Aprender a hacer ejercicio con regularidad es como aprender cualquier otro hábito. El único secreto es hacerlo y mantenerte haciéndolo hasta que no hacerlo te haga sentir mal. Esto te puede llevar entre dos semanas y tres meses. Comprométete hoy con un programa de ejercicios para tres meses y continúa haciéndolo, tanto si te gusta como si no. Olvídate de sentirte con ánimo, de tener tiempo o energía. Hazlo.

Bebe más agua

Una de las causas más singulares del envejecimiento es la deshidratación. El mundo está lleno de gente que se siente cansada, enferma, vieja o infeliz simplemente porque no está bebiendo agua suficiente. Es impresionante pero es verdad. La deshidratación crónica es considerada, en algunas partes del mundo, como una de las principales causas de muerte de gente mayor. La escasez de agua puede conducir a un fallo de las condiciones, incluyendo fallos renales, infartos, desvanecimiento, mareos, aletargamiento e incluso demencia senil.

Hay muchas personas que están buscando razones complejas que expliquen los sentimientos sobrecogedores de enfermedad y fatiga. Se convencen a ellas mismas de que deben de tener alguna terrible enfermedad, cuando en realidad lo único que necesitan es agua. No seas una de ellas: ocho vasos de agua al día proporcionarán a tu cuerpo un enorme espaldarazo de salud. Tu piel estará más transparente, tus ojos brillarán y aumentará tu energía.

En su libro *Get the Happines Habit*, la psicoterapeuta Christie Webber dice: «Frecuentemente, cuando nos sentimos mal e irritables, es que nos falta agua. Y bastante a menudo, cundo buscamos comida —creyendo que tenemos hambre—, es que tenemos sed».

Haz la prueba del «pipí claro». Si bebes agua suficiente, tu pipí tiene que ser casi transparente. Ninguna otra bebida sustituye al agua; tu cuerpo no extraerá agua de otras bebidas, y el té y el café, en realidad, te deshidratarán más. Bebe agua en grandes cantidades.

Medita

De acuerdo, todos sabemos que la meditación es buena para el espíritu y que te ayudará a sentirte más calmada y despejada. Pero aquí tienes una verdaderamente sorprendente bonificación. La meditación regular te robará años. Se ha comprobado científicamente que quienes meditan pueden sacarse entre cinco y doce años de su edad cronológica. ¿Por qué? Porque cuando meditas, tu cuerpo empieza a funcionar con más eficacia. Tu respiración, tu consumo de oxígeno y tu metabolismo descienden. Y el resultado es que el equilibrio hormonal asociado al estrés, que es reconocido como el gran acelerador del proceso de envejecimiento, da marcha atrás. La meditación siempre ha sido una forma de vida en Oriente, pero se está volviendo altamente popular en Occidente y hay libros y clases en todas partes.

Así que, tanto si no dispones de tiempo para mediar como si la meditación te parece algo demasiado difícil, busca tiempo para meditar. Igual que hacer ejercicio suficiente y beber agua, se trata simplemente de adoptar un nuevo hábito.

Piensa en los demás

Uno de los grandes antídotos contra la vejez y la enfermedad es ser más generoso. Un estudio llevado a cabo por Larry Scherwitz de la Universidad de California ilustra esta afirmación con mucha belleza. Grabó la conversación de seiscientos ancianos para contar las veces que decían «yo», «mi» o «mío». Una tercera parte de estos hombres padecía de una enfermedad del corazón. Cuando los resultados de las grabaciones fueron comparadas con la frecuencia de la enfermedad coronaria, resultó que los hombres que decían «yo», «mi» o «mío» más a menudo tenía un riesgo más elevado de sufrir problemas de corazón.

Scherwitz hizo un seguimiento del progreso de estos hombres durante algunos años y descubrió que cuanto más hablaban los hombres de ellos mismos, más probabilidad tenían de tener un infarto. Su conclusión fue que cuanto menos abres tu corazón a los otros, más padeces.

El ganador de la lotería británica Ray Wragg es un espléndido ejemplo de cómo el ser generoso te hace más feliz. A diferencia de otros ganadores de la lotería, que se quejan de lo muy deprimidos que se han sentido al obtener la fortuna, Ray la disfrutó inmensamente porque regaló gran parte de ella. Ray, un encargado de la construcción de sesenta y dos años, ganó 7,6 millones de libras en enero de 2000 y a lo largo de los meses siguiente, él y su esposa Barbara habían regalado 5 millones de libras, dos tercios de sus ganancias, y habían ayudado que los sueños de sus más próximos se hicieran realidad. No sólo aseguraron de por vida a sus propios tres hijos y cinco nietos; también ayudaron a que diez amigos suyos se retiraran antes y donaron grandes sumas de dinero a tres hospitales y al ayuntamiento de Sheffield, en el Reino Unido.

Ray dijo: «Obviamente, se espera que una ganancia como ésta tenga un efecto en tu forma de vida, pero nosotros decidimos enseguida que cambiase las vidas de otras personas próximas. Hubiese podido comprar un yate o un caballo de carreras, pero no le encontraba el sentido. Tuvimos suficiente con comprar una nueva casa y un Range Rover. Gracias a lo que ganamos hemos sido capaces de hacer más cómoda y agradable la vida de nuestros seres más queridos, así como ayudar a otras personas de Sheffield. He leído que otros millonarios de loterías se han deprimido a causa del dinero, pero a nosotros nos ha hecho felices porque ha hecho felices a muchas otras personas».

La soledad es otro factor de la vejez. Los estudios demuestran que aquellos que viven solos durante varios años tienden a envejecer más deprisa. Así es que comunícate con otras personas, ten relaciones, sé generoso, busca tu modo de hacer algo por los demás y ayúdales cuando puedas. No estoy sugiriendo que te conviertas en una sirvienta o que te pases la vida esperando junto a una calle transitada para ayudar a las viejecitas a cruzarla. Sólo que te olvides de ti mismo, que pienses en los demás y cultives la generosidad.

Tener metas e intenciones

Si tienes algo por lo que vivir, tienes más probabilidades de vivir más y tienes una sensación de logro cuando alcanzas las metas que te has propuesto. Nunca dejes de proponerte nuevas metas y desafíos, ni de trabajar con consistencia para alcanzarlas. Elige objetivos exigentes pero que sean alcanzables. Asegúrate de que te motivan y te inspiran.

No pospongas las cosas ni te digas *lo dejaré para otro día*. Deja que ese día sea hoy. No te conviertas en una persona mayor que vive con amargo arrepentimiento. Dije al principio de este libro que desde muy joven me di cuenta de lo terrible que debe de ser vivir con arrepentimiento. Me siento agradecida por haber tenido esta comprensión porque me animó a que me introdujera en tres carreras muy rápidamente, que no hubiese ni siquiera soñado de haberlas pospuesto o planificado para años después. No me interesan las excusas; empiezo haciendo las cosas. Quiero hacerlo ahora mismo y siempre estoy descubriendo nuevas cosas que deseo intentar o nuevas cimas que deseo alcanzar. Vivir sin arrepentimiento es elegir una vida de acción, de decisión, de aventura. Únete a mí.

Responsabilízate de tu salud

Si quieres permanecer joven, necesitas estar saludable. La apariencia de juventud significa apariencia de bienestar, con ojos y piel brillantes y transparentes y con un cuerpo que tenga el peso adecuado.

Tener la responsabilidad de tu propia salud significa dos cosas. En primer lugar, que debes hacer todo lo que esté en tus manos para mantenerte saludable. Y, en segundo lugar, que debes responsabilizarte de devolverte la salud en caso de que estés enferma.

Sé saludable. Mantenerte con un buen estado de salud significa comer bien, dormir las horas necesarias y hacer ejercicio y rechazar el consumo de drogas o el exceso de alcohol. Hay un refrán chino que dice: «El momento de forjar tu bienestar empieza cuando tienes sed. El momento para empezar a preocuparte por tu salud empieza antes de que estés enfermo».

Para comer bien debes darle a tu cuerpo lo que necesita, no aquello a lo que estás acostumbrado o aquello que te sabe bien, lo cual no significa que tengas que comer cosas que te disgusten. Significa que debes rehabituarte, en caso necesario, a que te gusten las cosas que te beneficien. Si tienes sobrepeso, es importante que pierdas el exceso no con dietas ridículas o agobiantes, sino comiendo de forma saludable, con comidas equilibradas a fin de que tu cuerpo obtenga su ritmo natural y equilibrado.

El mito de que se puede estar gordo y feliz es sólo eso, un mito. Todavía no me he encontrado con nadie que se sienta bien sepultado en rollos de grasa o con apariencia de ballena. Las personas gordas se sienten a menudo bastante mal con ellas mismas y ponen en riesgo su salud. Muchos terapeutas y personas gordas, especialmente mujeres, nos han dicho que la belleza es hermosa y que las personas gordas deben quererse a sí mismas. Pero un número reciente de la revista *Slimming Magazine* no ha hecho más que confirmar que muchos de nosotros conocemos a un número considerable de mujeres gordas que se sienten deprimidas al respecto. No dudo de que pase lo mismo con los hombres gordos.

Es más, varias mujeres famosas que estaban gordas, que insistían en que les gustaba su apariencia, ahora han perdido peso y admiten que nunca se han sentido más felices. La presentadora de televisión del Reino Unido Vanessa Feltz perdió 31 kilos después de que su esposo la dejara y posó muy orgullosa en bañador para mostrar su nueva figura de la talla cuarenta y dos. También parece dos años más joven. En los Estados Unidos, Roseanne Barr también perdió algunos kilos y nos hizo saber que se sentía bastante mejor. John Travolta tenía una apariencia desastrosa y abotargada y su carrera bajó en picado cuando amontonó kilos. Al perder peso, además de parecer más joven, su carrera remontó de nuevo.

Si estás gordo y pretendes encontrarte bien al respecto, deshazte de la pretensión y, en su lugar, pierde peso. No hay sentimiento más agradable que el de tener un cuerpo del que te sientes *de verdad* orgulloso. Junto con los kilos, perderás años porque la gordura envejece.

Quiero que te olvides de la comida y te hartes de vida. Si estás gordo e infeliz es porque estás eliminando tu vitalidad. Estás inmóvil, aterrado, evitas arriesgarte. Cuando las personas gordas vienen a mí, les pregunto: «¿Qué es lo que te está comiendo?», y nunca tiene que ver con la comida. Hace poco en el programa de televisión matutino GMTV, del Reino Unido, me pidieron que ayudara a una mujer con sobrepeso. Desde su jubilación había engordado 19 kilos. Le dije que se mantuviera ocupada y que siguiera una vida, no una dieta. Estuvo de acuerdo conmigo; había dejado de ir en bicicleta y había empezado a comer más de lo debido porque no tenía nada que hacer. Cuando le dije que se pusiera a trabajar, me contestó que era demasiado mayor. ¡No es verdad! Le señalé que montones de personas de su edad estaban trabajando, así es que puso un anuncio en un periódico local ofreciéndose como auxiliar familiar y, por supuesto, se vio inundada de ofertas. Al cabo de algunas semanas de haber empezado a trabajar su peso descendió sin apenas darse cuenta.

Todas y cada una de las investigaciones sobre el rejuvenecimiento llegan a la conclusión de que los jóvenes mayores comen menos. Algunos naturópatas sugieren que deberías comer no más de dos puñados de alimento por comida. Esto es lo que necesitas y te dará montones de energía para otras cosas. *Nunca* comas hasta que te sientas lleno, pesado o hinchado. Haz pequeñas comidas más a menudo y asegúrate de que lo que comes contiene los valores más altos de cualidad nutricional. Si te quieres sentir vivo y lleno de energía y empezar cada día zumbando, aliméntate con comidas nutritivas, orgánicas e integrales y con montones de frutas y vegetales.

Se ha comprobado científicamente que el comer una dieta saludable, que significa montones de fruta y vegetales, así como cereales integrales, carne y derivados lácteos sin grasa, reduce en un treinta por ciento las probabilidades de enfermedades del corazón o cáncer. Christine Webber sugiere que si comes grandes cantidades de comida basura y no sabes qué hacer, empieces por comer cinco piezas de fruta al día, sin que te importe qué otra cosa comer. Enseguida te darás cuenta de los efectos saludables que te proporcionan las vitaminas extra y la fibra, lo cual te animará a realizar otras mejoras.

También es importante dormir lo necesario. Una carencia de sueño continuada te hace estar poco saludable, irritable y deprimido. Pareces gris y sin energía. Muchas personas necesitan ocho horas diarias de sueño, pero duermen menos. Si te sientes continuamente cansado, empieza con algún sueñecito extra y observa si hay alguna diferencia. Casi seguro que lo notarás, porque mucho del llamado síndrome de fatiga crónica es simplemente una falta de sueño.

Si quieres permanecer joven y saludable, los fármacos o productos parecidos no deben formar parte del menú. Fármacos tales como los tranquilizantes y antidepresivos son tan nocivas como algunas de las drogas de ocio. Tomes lo que tomes, déjalo tan pronto como puedas, a menos que sea vital por prescripción médica. Si estás libre de drogas, estupendo; sigue así.

El alcohol puede ser divertido, pero debes conocer tus límites. Los alcohólicos de casa son aburridos y tienen una apariencia espantosa. Si te emborrachas pocas veces, decide un límite de dos copas para continuar así. Pásate a las bebidas sin alcohol y considéralo como una inversión para tu futuro. Nunca hagas responsable a otra persona de tu curación. Depositar tu fe en las manos de los médicos es abandonar la condición de adulto responsable. Adopta la responsabilidad de involucrarte en tu propio diagnóstico y recuperación y de mantenerte saludable, en primer lugar. Los médicos hacen cosas maravillosas a menudo, pero no siempre son prudentes o tienen la razón y en algunos casos hay otro tipo de profesionales que pueden ser mucho más efectivos.

Recuerda que los asuntos de los médicos son las enfermedades, no la salud, así que consíguete en su lugar otro buen profesional.

En la antigua China, se pagaba a los médicos para mantener a la gente en buenas condiciones de salud. Tristemente no ocurre lo mismo en la actualidad, así que es importante encontrar un buen profesional que te ayude a aumentar tu nivel de bienestar.

Si estás enfermo, pregúntate el porqué. La enfermedad es siempre el modo que tiene el cuerpo de enviarnos un mensaje. ¿Qué es lo que te está diciendo el tuyo? Confía en tu propio instinto. Nadie conoce más sobre ti, sobre tu vida y tu salud, que tú mismo. Puede ser que necesites un descanso, un cambio de escenario, tomar una decisión o volver a empezar. Si un trabajo, una casa o una relación están poniéndote enfermo, aléjate de ellos.

Utiliza un amplio abanico de profesionales de la salud complementarios para que te ayuden a mantenerte bien. Prueba la homeopatía, la reflexología, la curación tibetana, el shiatsu, la osteopatía craneal, la acupuntura, la naturopatía, la herboristería o la quiropráctica. Prueba de uno en uno para saber cuál es el que te va mejor. El encontrar una curación alternativa es asunto tuyo. Habla con otras personas sobre el tema, averigua qué es lo que les va bien y acepta sus recomendaciones.

Nunca te olvides de que tu cuerpo posee unas notables cualidades para curarse a sí mismo. Confía en que sabes lo que necesitas, busca personas que te gusten y confía en que te ayuden a curar y nunca aceptes ninguna condición que vaya más allá de la ayuda.

TU TAREA

Quiero que decidas ahora mismo la edad que tenías cuando estabas en tu momento más excitante y energético. Ésta es la edad a la que quiero que te dirijas y en la que quiero que vivas. Quiero que hables, vistas, pienses y seas de esa edad. Si lo haces realmente bien, la gente pronto empezará a pensar que tienes esa edad.

Pregúntales a otras personas los años que piensan que tienes. Cuanto más cerca de tu edad perfecta se manifiesten, mejor lo estarás haciendo. Si todavía les falta un par de años para acertar, sabrás que todavía te falta trabajar un poco más.

¡Hazlo!

Y RECUERDA...

La edad que sientes es la única que cuenta.

Puedes cambiar esa edad en cualquier momento.
Tu cuerpo se mantendrá joven si le envías mensajes de juventud.
Apariencia de juventud significa apariencia de bienestar.
Para tener una buena apariencia debes mantenerte saludable.
Si estás saludable, tendrás energía sin límites.
Con una energía sin límites puedes crear lo que quieras.

10

Ante las dificultades, el fuerte se crece más

Ahora que estás dando pasos de gigante para vivir la vida que quieres, necesitas ciertas condiciones para enfrentarte al fracaso. ¿Por qué? Porque el fracaso es una exigencia para el éxito. Pregúntale a cualquier persona que haya obtenido un gran éxito por las veces que ha fracasado en la consecución de sus objetivos y te dirá que «montones». A menudo te habrán hablado de autores famosos, cantantes, políticos y empresarios que se han doblegado o que han sido rechazados antes de que las puertas empezaran a abrírseles. Lo que los ha distinguido es que no tenía ningún miedo al fracaso. Se sacudieron el polvo y siguieron adelante hasta que alcanzaron el éxito. Así que si quieres ser realmente una persona de éxito, necesitas aprender a convivir con el fracaso.

Lo que hace que mucha gente fracase no es el fracaso en sí mismo, sino el miedo al fracaso. El fracaso en sí mismo te hace más fuerte, pero el miedo al fracaso te paraliza hasta el punto de neutralizar cualquier intento. Te paraliza mucho más que cualquier otra cosa y es el más común de los «terrores» entre personas de todo tipo.

La gente que tiene miedo al fracaso no se da cuenta de que es indispensable para el éxito. En pocas palabras, no se puede tener éxito sin fracaso. De hecho, en el verdadero proceso de fracasar y aprender del fracaso te acercas más al éxito. Observa los sorprendentes ejemplos de personas de éxito que simplemente rechazaron aceptar el fracaso. El coronel Sanders tenía sesenta y cinco años y gozaba de una pensión de jubilación cuando decidió hacer algo con sus propios medio: una estupenda receta de pollo. Fue de una tienda a otra y fue rechazado por unas mil y nueve personas antes de encontrar a alguien que aceptó su receta, que se convirtió en el Kentucky Fried Chicken (KFC).

Walt Disney fue rechazado por unos trescientos bancos antes de persuadir a uno, que le prestó los fondos para crear Disneyworld. No abandonó ni con los primeros cien ni siquiera con los doscientos y es así como consiguió el éxito.

Ésta es la razón por la que en este momento de nuestro viaje juntos, quiero que aprendas a manejar la idea y el miedo al fracaso de modo que no te obsesionen y te paralicen de la manera como lo han hecho con tantos otros. Más vale prevenir que curar. Lo que quiero hacer en este capítulo es alertarte respecto a tu propio miedo al fracaso y sobre tu zona personal de comodidad, para después proporcionarte las herramientas y los conocimientos para que vayas más allá de ellos. Con la ayuda de algunas historias de personas inspiradoras, te mostraré que el fracaso no existe, sino sólo el significado que elegimos darle a los acontecimientos; en otras palabras, las lecciones que aprendemos de ellos y las elecciones que realizamos a partir de lo que hemos aprendido.

Deja que te cuente algo sobre un hombre que mostró un impresionante valor frente al fracaso.

HISTORIA DE GEORGE

HACE ALGUNOS AÑOS, GEORGE STATFORD DORMÍA EN LAS CALLES. AHORA, A SUS CUARENTA Y CINCO AÑOS, ES UNO DE LOS GALARDONADOS COMO MEJORES PUBLICISTAS DE LA AGENCIA SAATCHI AND SAATCHI, UNA DE LAS MÁS FAMOSAS DEL MUNDO.

SEIS AÑOS ANTES, GEORGE ESTABA EN SU MOMENTO MÁS BAJO, EN EL PARO DURANTE MÁS DE TRES AÑOS Y SIN ENCONTRAR TRABAJO NI COMO LIMPIALAVABOS. CON CASI CINCUENTA AÑOS Y SIN TITULACIÓN OFICIAL, HABÍA PERDIDO SU MUY BIEN REMUNERADO TRABAJO COMO ENCERADOR Y ESTABA EN LUCHA CONSIGO MISMO.

Tras la muerte de su madre, se había quedado solo, sin ahorros y sin esperanza. «Nunca pensé en el suicidio», dijo, «pero había momentos en que no me hubiese importado una mierda haber caído fulminado por un infarto, porque no había nada en la vida para mí».

Sin embargo, hoy la vida de George ha cambiado totalmente. No sólo está dejando su huella en una nueva carrera emocionante, sino que también se ha casado y ha publicado su primera novela. La extraordinaria historia de George empezó cuando perdió su trabajo y nadie lo quiso contratar porque era demasiado viejo y no tenía titulación. Estaba totalmente roto y en la oscuridad más profunda. «Una mañana me desperté y pensé «¿Qué pensaría mamá si viese en lo que me he convertido?», dice. Y decidió hacer algo al respecto. Se examinó y pasó el nivel A de inglés y después se matriculó en un curso de publicidad.

En un primer momento, las autoridades de la universidad le dijeron que estaba perdiendo el tiempo, pero cambiaron de opinión en cuanto vieron sus escritos. Es más, su tutor le dijo que hiciese lo que hiciese en el curso, nadie le daría trabajo a causa de su edad. Impertérrito, George peleó por un puesto en Saatchi and saachi y cuando lo consiguió, hizo un largo recorrido para hacerlo suyo.

El billete de tren a Londres se llevó sus últimos ahorros y George se vió obligado a dormir en las calles durante las tres noches que estuvo allí puesto que no pudo conseguir un lugar donde estar.

«Escondía mi maleta bajo la mesa y cuando por la noche todo el mundo dejaba la oficina, me quedaba esperando hasta muy tarde, aparentando trabajar. Volvía a la oficina a las seis de la mañana, me lavaba y cuando llegaban los demás, me encontraban preparado para el trabajo.

»Había decidido que no iban a olvidarme, aunque no me diesen el trabajo. Escribí treinta anuncios de radio en dos días para un productor. Ninguno fue utilizado, pero despertaron entusiasmo.»

George escribió otro anuncio para una marca de cervezas, que fue utilizado y fue merecedor de un premio. La agencia le hizo un contrato a prueba para tres meses y posteriormente le dio un trabajo a tiempo completo. Muy poco después encontró a «Gifty», una productora de radio que ahora es su esposa.

La crisis de George llegó al perder su trabajo, pero él convirtió su desgracia en una oportunidad para transformar su vida. Nunca se abandonó ni hizo caso de todos aquellos expertos que le decían que era demasiado tarde o demasiado mayor para conseguir trabajo. Por encima de todo, George fue persistente e ingenioso, como para bordear los obstáculos que hallaba en su camino. Rechazó amilanarse por tener que dormir en la calle y se aseguró de que nunca iba a aparecer ante los demás como si hubiese pasado la noche en un banco del parque. George fue imparable. Sentía que tenía la última oportunidad de su vida y nadie iba a detenerle. Era como un misil teledirigido, que podía cambiar de dirección cuando fuese necesario, pero con la resolución de no perder de vista el objetivo. Su vida dependía del éxito de esta misión.

LA VIDA ES DEMASIADO CORTA PARA TENER MIEDO

Tu vida y tu felicidad dependen de si puedes reunir tanta presencia, valor, adaptabilidad y recursos como George. Debes vivir como si tu vida dependiese de eso. Aunque no te encuentres en una situación tan extrema como la de George, debes vivir tu vida con un sentimiento de urgencia. Debes lograr que tu felicidad te importe tanto que te impulse a enfrentarte a tus medios y a tu miedo al fracaso y arriesgarte, de todas formas.

¡ARRIÉSGATE!

Quiero que cultives el modo de pensar de alguien que arriesga; que te mantengas en estado de alcanzar, haciendo algo hasta que consigas lo que quieres y sueñas. Quiero que seas el tipo de persona que no se conforma con «el pájaro en mano» si no es el pájaro adecuado. Deja que sean otros los que se conformen con lo que les detiene ante el primer obstáculo, en cuanto empiezan las dificultades, por pequeñas que sean. Muchas personas prefieren continuar en sus propias zonas de comodidad, donde evitan la incomodidad y la incertidumbre, aunque signifique que nunca alcanzarán sus sueños. El terreno conocido es la zona vital en la que te sientes como en casa. Es lo seguro, predecible y lo fácilmente manejable. Muchas personas vuelven rápidamente a sus zonas de comodidad un minuto después de haber puesto un pie fuera de ella porque simplemente no pueden tolerar la incomodidad. Rechazan las posibilidades y las oportunidades que les brindaría el salir de su terreno conocido.

La comodidad y la familiaridad son los enemigos del momento. Te seducen en un sentido de falsa facilidad y te mantienen en el mismo lugar para evitar el estrés, la presión y el miedo al riesgo y a la posibilidad de fracasar. Pero para quienes estén dispuestos a ir más allá de su terreno conocido, las recompensas son magnificas. En 1990, a los cincuenta y ocho años, el actor Brian Blessed escaló el Everest y se convirtió en el hombre más viejo que había alcanzado una cima de 8.400 metros. Había cumplido el sueño que tenía desde los catorce años. Desde entonces, ha hecho dos asaltos al Everest y ha ascendido también al Kilimanjaro, al Aconcagua (en los Andes), y más recientemente, la montaña Roraima, en Venezuela.

«Todos tenemos nuestros propios Everest a escalar», dice. «Sólo tienes que conseguir llegar a ellos. Si ni siquiera lo hubiese intentado, siempre hubiera estado insatisfecho. Creo que en la vida el riesgo mayor es no arriesgarte. Hay demasiados detractores, demasiadas personas negativas que quisieran machacarte, pero no debes dejar que lo hagan. Si la gente te dice que estas loco, sabes que estás en el camino correcto.»

¿POR QUÉ SALIR DEL TERRENO CONOCIDO?

¿Por qué, puedes estar preguntándote, deberás molestarte en dejar tu territorio si es tan calentito y acogedor? Te daré buenas razones.

La primera, es que en algún momento *habrás* tenido que dejarlo, por mucho que te hayas resistido. Nadie tiene una vida a salvo por completo, sin períodos de agitación o traumas. La incertidumbre es un factor vital, el único en que te puedes basar. Una vida tranquila, sin incidentes y sin turbulencias no es una opción, por mucho que puedas desearla. Algo, en algún lugar y en alguna ocasión, va a hacerte una prueba, más allá de lo que conoces y de aquello con lo que te sientes cómodo. La vida no te va a cubrir con una suave colcha de algodón y a mantenerte con la máxima suavidad posible. Esto no sería vivir, sino andar de puntillas por la vida. No hay forma de liberarse de la vida que está más allá del terreno conocido. Es algo que ocurrirá, en el caso de que no haya ocurrido ya. Así que es mucho mejor que ya hayas elegido salir, en lugar de ser arrancado de allí cuando menos te lo esperes. Cuando tengan lugar las crisis, ya poseerás la experiencia y comprenderás cómo manejarlas.

La segunda razón es ésta: Creo que en tanto que seres humanos buscamos insistentemente modos de redefinirnos y perfilarnos, de ponernos a punto y de mejorar lo que somos. Poseemos una capacidad incorporada y una poderosa propulsión para mejorar el prototipo original de lo que somos. Y es a base de esforzarse y ponerse a prueba como se consigue. No es una coincidencia que los cursos dirigidos al mejoramiento del desarrollo personal incluyan desafíos más allá de los límites como parte del programa, haciendo que la gente vaya más allá de los límites «seguros» a través de descensos por acantilados o de navegación por rápidos o saltos desde puentes. Hace tiempo participé en uno de esos cursos y caminé por encima de brasas como desafío a mi miedo a hacerme daño. Y puedo decirte que no hay un sentimiento de euforia y un poder personal más maravillosos que caminar con firmeza por una pista de carbón ardiente.

Aquella noche, muchos de los asistentes transformaron por completo su territorio durante los pocos segundos del paseo. A la mañana siguiente se despertaron con unas versiones de sí mismos mucho mejores, acelerados, convertidos en modelos sobrecargados de los arquetipos estándar del día anterior. La vida ya no sería igual para ellos, como tampoco sus zonas de seguridad en otros aspectos de su vida. Después de todo, cuando has caminado sobre fuego y has sobrevivido, ¿qué puede abrumarte?

La gente habla de la Segunda Guerra Mundial con nostalgia parecida. Fue un momento en que la gente corriente desplegó valentía, coraje y espíritu extraordinarios. El término «Dunkirk spirit» ha llegado a formar parte de la lengua inglesa, conmemorando para siempre el momento en que miles de personas zarparon de Gran Bretaña en pequeñas embarcaciones y cruzaron el canal para rescatar a las tropas que se hallaban en las playas francesas. Durante un período de siete días, entre final de mayo y principios de junio de 1940, 338.226 soldados, atrapados en las playas por las tropas alemanas, fueron evacuados de Dunquerque por 222 buques navales y 665 embarcaciones civiles. El papel desempeñado por las pequeñas embarcaciones se ha convertido en una leyenda. Había botes de remo y barcos de pesca, pequeños mercantes y pesqueros, salvavidas y remeros, lanchas de río y barcos de vapor. Todos juntos improvisaron una flota de más de 80.000 hombres destinada a rescatar del cautiverio a los soldados.

La gente mayor a veces dice que la gente joven de hoy no haría lo mismo, que es de poco calibre. No es cierto. Durante la guerra, la gente fue sobrehumana porque *tenía* que serlo. Las circunstancias hicieron que sacaran el esplendor y el coraje y los condujeron más allá de sus territorios. La forma más rápida de encontrar esas profundidades de brillantez guardadas en tu interior y de activar tu nobleza, tu genialidad y tu valor infinitos pasa por que te propongas algunas tareas grandes y significativas. Vive una vida segura y predecible y nunca llegarás a saber lo realmente extraordinario que eres. Convierte las circunstancias en algo desafiante para sacar a la superficie tu esplendor.

Como dijo el filósofo Montaigne hace cuatrocientos años: «La formación de nuestra personalidad es nuestro deber... Nuestra gloriosa y gran obra maestra es vivir de manera apropiada. Cosas como gobernar, almacenar tesoros o construir están bien, pero son pequeños apéndices y apoyos».

Fíjate en la enfermera británica Sally Becker, conocida como el ángel de Mostar por conducir camiones de comida y suministros, así como por rescatar a muchos niños durante la guerra de Bosnia. O en Erin Brockovich, cuya historia fue llevada a las pantallas después de conseguir una multimillonaria compensación para una comunidad en los Estados Unidos a la que se le había ocultado que había estado expuesta a un gran peligro.

¿Son en lo esencial sally Becker y Erin Brockovich muy diferentes a ti? Definitivamente, no, pero ellas destacaron entre la multitud porque hicieron grandes cosas. También tú puedes hacerlo, en cualquier momento que elijas. No esperes a una guerra o a una crisis. Crea tu propia urgencia. Crea las condiciones adecuadas para que emerja tu propio resplandor. Como dijo el presidente John Kennedy:

> Sin menospreciar el valor con el que han muerto muchos hombres, no deberíamos olvidar aquellos actos de valor con los que han vivido otros muchos. El valor para vivir es a menudo un espectáculo mucho menos dramático que el coraje del momento final, pero no es menos que una espléndida mezcla de triunfo y tragedia. Un hombre hace lo que debe a pesar de las consecuencias para su persona, a pesar de los obstáculos y los peligros y las presiones; esta es la base de toda moralidad humana...

La tercera razón para dejar el terreno conocido es que conseguirás tener una vida mucho más interesante. No querrás una vida deprimente y predecible. Sé que no te gusta una vida así porque nunca hubieses escogido este libro si no te hubiese atraído la idea de vivir tu vida ideal y conseguir lo mejor de ti mismo. Eres un tipo de persona que no quiere perder la oportunidad y acumular lamentos. Tienes que conseguir que tu vida cuente y hacerla lo más significativa posible. Tienes que aprovecharte al máximo. Sabes que la vida es preciosa y que no es para siempre, por eso debes conseguir que cada día cuente y sólo depende de ti hacer que ocurra aquello que quieres que ocurra.

Así que dado el tipo de persona que eres, el tener una vida confortable dentro del terreno conocido no constituye una opción. Sabes que no puedes engañarte a ti mismo, que no puedes esconderte para vivir la vida de tus sueños, deseos y grandes ambiciones. Una vida restringida y sofocante no es para ti.

Ésta es tu llamada a las barricadas. Saca tus deseos silenciosos y aplazados afuera y ponlos sobre la mesa. Dedícales toda tu atención y reaviva para ellos toda tu pasión. Olvídate de evitar riesgos. Una gran vida, una vida viva con una agenda jugosa *tiene que tener riesgos*. No hay alternativa.

Recuerdo haber hablado con mi cliente Charles sobre su muy elevado y odiado trabajo en el mundo de las finanzas. Se encontraba desanimado y exhausto y su pasión real era verse involucrado en una empresa de mercadotecnia. El problema era que quería seguridad y garantías antes de hacer nada al respecto. Estaba completamente seguro de que se iba a producir el cambio a la perfección, pero no estaba preparando para poner en peligro su suntuoso estilo de vida ni por algunos meses. A pesar de que era un hombre soltero de veintisiete años que no tenía a nadie a su cargo, le aterrorizaba asumir este tipo de riesgo. Quería una vida significativa, pero no estaba preparado para dar los pasos requeridos.

Por desgracia, Charles sigue lidiando con un trabajo que no le hace feliz. Espero que en algún momento de su vida se dé cuenta de que vale la pena asumir algún riesgo para conseguir la felicidad.

Compara esta actitud con el calibre de una Sally Becker, un Roger Bannister, una Emily Pankhurst, un George Stratford o la de mi propio hermano Brian, del que te he hablado en el capítulo siete. Recuerda que Brian dejó un lujoso estilo de vida para volver a Irlanda, teniendo a su cargo a siete personas y sin garantías de conseguir una trabajo remunerado. Ésa fue una apuesta monumental. Si cualquiera de esos individuos hubiese esperado el momento seguro y garantizado para actuar, nunca hubiesen llegado a ninguna parte; todavía estarían en el punto de partida. Todos y cada uno de ellos apretaron el gatillo en sus propias líneas de salida. No esperaron a nada ni a nadie antes de ir en busca de lo que realmente querían.

¿ESTÁS PREPARADO PARA APRETAR EL GATILLO?

El permanecer en terreno conocido significa no expandirte, no cambiar, no arriesgarse a explorar en aguas desconocidas. Pero esto sólo funciona durante el tiempo que necesitas para despertarte a lo que realmente echas de menos: la excitación y la prisa por liberarte y admitir aquello que realmente te gusta y te expande. El grado de riesgo que asumes determina el grado de excitación que sientes. No estoy hablando de riesgos ridículos como conducir en contra dirección; estoy hablando de riesgos que importan, que te colocarán más cerca de lo que quieres en realidad.

Ejercicio

Pregúntate cuál es tu terreno conocido. ¿Qué es lo que te proporciona comodidad y qué es lo que está fuera de esa zona? ¿Cómo podrías saber que estás fuera de esta zona? ¿Qué dos cosas de verdad te gustaría tener o ser y cuáles te crearían incertidumbre e incomodidad?

Ahora pon un asterisco en la más fuerte, aquella que te crearía más incertidumbre y que te llevaría más allá del terreno conocido. ¡Es ésa con la que vas a trabajar en este capítulo!

Escríbela y guárdala porque volveremos a ella más tarde.

La vida recompensa la acción. El emprender una acción que te conduzca hacia tu mayor deseo es una de las cosas más estimulantes que puedes hacer por ti mismo. ¡Sólo el pensar sobre ello te proporcionará una carga de endorfina! Si no, es que todavía estás operando dentro de la seguridad del terreno conocido, en tu manta de seguridad y necesitas volver a pensar tu meta. ¿Quizás le has dado importancia a una zona de tu vida en detrimento de otra? ¿Eres alguien con éxito en el trabajo, pero sin tiempo para la vida romántica? El sumergirte en el trabajo implica pocas oportunidades para la vida amorosa y puede ser una vía segura para evitar la única cosa que quizás te aterroriza o te pondría a prueba. Observa atentamente tu vida y encuentra el área en la que estás jugando con seguridad. Después busca el desafío que quieres dominar.

Ejercicio

Piensa sobre las decisiones que tomas a diario y colócalas en una caja. ¿Es el tipo de ropa que te gustaría llevar pero no te atreves? ¿Son las tiendas, los hoteles o restaurantes que has decidido que están por encima de ti y en los que te sientes fuera de sitio? Si es así, toma la decisión de enfrentarte a este límite en el que te has situado a ti mismo y dale un empujón.

En los próximos días, ve a uno de estos lugares prohibidos. Curiosea en una de esas tiendas elegantes o toma un té en un hotel fabuloso. Por más intimidado que te sientas, ve hacia allí, levanta tu cabeza y espera gustar y diviértete.

Lo mismo ocurre con la gente. ¿Hay personas que te gustan y a las que admiras pero no te atreves a conocer? Haz una lista con todas ellas y puntúalas del uno al diez, teniendo en cuenta lo lejos que se hallan de tu terreno conocido. Elige a una de esas personas de la lista con la que trabajar. Traspasa el límite concentrando un encuentro con ella o parándote a hablar con ella en lugar de evitarla.

MI GUÍA A PRUEBA DE BALAS PARA VIVIR FUERA DEL TERRENO CONOCIDO

Recuerdo el entrenamiento en el que trabajamos juntos durante algunos meses para que Richard se sintiera a gusto con la idea de buscar un nuevo trabajo. Se trataba de un enorme salto hacia delante en términos de responsabilidad y salario y a medida que no encontrábamos más cerca de la línea de salida, su ansiedad aumentaba. Los dos sabíamos que se trataba de un camino que se alejaba mucho de su terreno conocido y con frecuencia le recordaba a Richard que era normal que se sintiera así. Meses antes habíamos planificado que viviría un poco más peligrosamente y que simplemente asumiríamos las consecuencias que conllevara. Ahora el momento había llegado.

Ésta es la guía de seis pasos a prueba de balas que le di para que funcionara su desafío, una que puedes usar para vivir fuera de tu propio terreno conocido.

El miedo puede ser estimulante y proporcionarte una ráfaga de energía y entusiasmo. Muchas personas interpretan esto como algo malo, como una sensación a evitar, pero no tiene por qué ser así, necesariamente. Las hormonas que producen el miedo y la excitación son las mismas. Cuando corren por tu corriente sanguínea, sólo tú decides si puedes experimentar una oleada de miedo o de excitación.

Creo que muchas personas viven un tipo de vida tan seguro y están tan firmemente afianzadas a su territorio que muy raras veces experimentan entusiasmo o excitación. Y cuando lo hacen, interpretan esas emociones como miedo o como un signo de que algo va mal. No es así. El vivir con entusiasmo, optimismo y pasión es una forma de saber que estás completamente vivo y viviendo al límite de tu potencial. Y si has llegado hasta tan lejos conmigo es porque eso es lo que quieres para ti: vivir tu mejor vida, ser lo mejor que puedes ser, vivir sin miedo.

Vivir tu mejor vida significa que saldrás del terreno conocido de un modo regular. Y no tienes por qué evitarlo si estás ampliando tu perspectiva, si estás desafiándote a vivir deseos más profundos y a refinarte para ser lo mejor que posiblemente puedes ser. Así que no dejes que el miedo te paralice y en su lugar, ve hacia la excitación y deja que te impulse hacia delante, fuera de tu terreno conocido.

Utiliza esta guía a prueba de balas como paracaídas. Utiliza cualquier herramienta, consejo y técnica que hayas leído en este libro o en cualquier otro. Haz todo lo que puedas para que el hecho de salir de tu terreno conocido sea excitante, desafiante e interesante.

Puede haber incomodidad, por supuesto. Al desechar tu capa de cálida seguridad familiar, notarás la diferencia. Pero donde los otros se hundirían, quiero que tú te enfrentes al mundo exterior, con todos los apoyos y conocimientos en su sitio, para que puedas disfrutar de ti mismo como lo haces.

Acostúmbrate a sentirte cómodo con un poco de incomodidad y de incertidumbre, junto a una gran cantidad de expectación positiva. Convierte la ansiedad en anticipación, el miedo en energía y la preocupación en acción.

Cuando Richard se dio cuenta de que estaba fuera de su terreno conocido, activamos esta guía de supervivencia, empezando con el primer paso, que consiste en disfrutar de este sentimiento y verlo como excitante. Incluso sus reacciones físicas, tales como la náusea, podían ser vistas como parte de la excitación que la adrenalina causa anticipadamente.

Actores y músicos no se entusiasmarían lo suficiente para realizar grandes representaciones si no experimentasen los estímulos del miedo y la excitación que la adrenalina causa.

Eleanor Roosevelt, esposa del presidente de los Estados Unidos, dijo: «Ganas fortaleza, valor y confianza con cada experiencia en las que miras al miedo cara a cara. Eres capaz de decirte a ti mismo: "He pasado por este horror. Puedo pasar por la siguiente experiencia"... Debes hacer lo que no puedes hacer».

Paso dos: hazte más fuerte

Antes te pedí que responsabilizaras conscientemente de tu programación mental ejerciendo un mayor control sobre tus pensamientos y palabras. Ha llegado el momento de reforzar este nuevo hábito, porque el momento en que más necesitarás este enfoque es cuando las cosas se pongan difíciles. ¡Y ése puede ser el momento en que probablemente lo recordarás! Cuando te estés enfrentando a un gran desafío usa todas las reservas de brillantez, fortaleza e ingenuidad que has estado esperando. No te dejes doblegar bajo el peso ni te vengas abajo. Permanece firme en tu resolución y apóyate en ti mismo. Las acciones y decisiones que adoptes en momentos de crisis tienen el potencial de forjarte una identidad nueva y más fuerte. El símbolo chino para «crisis» está compuesto por dos caracteres: uno que representa el peligro y el otro que representa la oportunidad. Tu oportunidad en momentos de dificultades o de desafíos es alzarte sobre ti mismo, creer en ti y seguir brillando. Así es que en ese momento crítico, debes vigilar, más que en cualquier otro momento, lo que dices o piensas sobre ti mismo. Recuerda las palabras de Henry Ford: «Tanto si piensas que puedes como que no puedes, tienes razón!».

Aquí tienes algunas de las afirmaciones que doy a mis clientes que están fuera de su terreno conocido:

- *Me gusto a mí mismo (dilo muchas veces).*
- *Cuanto más me relajo y me dejo ir, más consigo hacer.*
- *Confío en mí mismo por completo.*
- *Me apruebo a mí mismo completamente.*

Recuerda que condicionas tu estado emocional con pensamientos y palabras y debes evitar que se vuelvan contra ti. Cuando un cliente tiene pánico, mi pregunta siempre es la misma: «¿Qué has estado diciéndote?». Las respuestas siempre son, sin excepción, aterradoras. Cualquiera tendría miedo y pánico con esos pensamientos dando vueltas en la cabeza. No te hagas esto. Tú sólo puedes estar aterrorizado si tienes pensamientos que te inducen al pánico. Ejercita la autodisciplina y da la vuelta. No te conduzcas a ti mismo hacia donde no quieres.

Paso tres: relájate

Cuando tienes la mente en calma, eres capaz de hacer mucho más. Una de las formas de que puedes desconectar y relajar tu mente consiste en enfrentarte a la ansiedad relajando tu cuerpo físicamente. El ejercicio es un buen modo de hacerlo. A mí me gusta correr, pero tú a lo mejor prefieres clases de gimnasia, pasear o practicar golf. A otros les encanta el *squash* o el tenis. El yoga es un magnífico modo de generar serenidad interior, así como las artes marciales «suaves» como el Tai Chi. También te recomiendo vivamente que te inicies en el hábito de la meditación. La meditación trascendental es el modo más simple de aprender y hay montones de cursos a tu disposición en caso de que optes por ella.

Si no, intenta esto: Reserva, como mínimo diez minutos al día de calma. Crea la atmósfera adecuada, encendiendo velas, quemando aceites o incienso y escuchando música ambiental. Siéntate erguido, para no quedarte dormido. Y a continuación, lo único que tienes que hacer es permitir que pasen tus pensamientos, sin apresarlos. Obviamente, cuanto más lo hagas, más fácil te resultará y más rápidamente caerás en un profundo estado de meditación.

Está científicamente probado que una meditación regular como ésta reduce tu necesidad de dormir. Veinte minutos de relajación consciente equivale a dos horas de sueño.

Cuanto más trabajoso y exigente sea tu mundo exterior, más necesitarás cultivar la quietud y firmeza de tu mundo interior. Debes retirarte de la actividad ruidosa para recargar las pilas y refrescar la mente. La relajación física y la claridad mental van de la mano. Cuando cunda el pánico a tu alrededor, serás el único que piense con claridad y mire hacia delante. Con claridad y serenidad interior, tendrás la mejor perspectiva.

Tanto hombres como mujeres pueden ser las reinas del drama y derrochar enormes cantidades de tiempo y energía, agitándose y participando en líos y tejemanejes. Tú no haces eso; eres una roca. Vas con una mirada firme, un enfoque agudo y una cabeza clara. Has serenado el parloteo interno con el que vive mucha gente. Eres una persona serena y con aplomo y tienes una serenidad interior inquebrantable. Muy pocas cosas te hacen vibrar y cuando lo hacen, te lo tomas serenamente, a tu modo, con dignidad. Cuando muchas personas están dando vueltas en círculos, reaccionando exageradamente, tú permaneces en tu sitio. Recuerda que la gente muy poderosa habla poco y piensa mucho.

Paso cuatro: no te tomes demasiado en serio

Aprende a sonreír. La sonrisa es una de los más efectivos y subestimados mitigadores del estrés. El poner una sonrisa en tu rostro, sin tener en cuenta lo que sientes en realidad, transmitirá sentimientos de ligereza y felicidad al resto de tu cuerpo. El simple acto de abrir la boca hacia las comisuras refrigera la sangre que va hacia el cerebro, que, según los investigadores, favorece la relajación. Pon una sonrisa en tu rostro en cualquier momento, especialmente en los momentos difíciles. Sonríete a ti mismo. Sal con alguno de tus amigos más leales y ríete de ti mismo del modo más amable. Ve al club de la comedia o alquila un vídeo cómico.

La risoterapia puede ser utilizada para ayudar a curar enfermedades importantes. En su libro *Anatomy o fan Iones*, el veterano editor de revistas norteamericano Norman Cousins describe cómo se curó a sí mismo de una artritis reumatoide en la columna vertebral a través de la risa. Cousins se dio el alta hospitalaria a sí mismo cuando sufría de fuertes dolores. Se fue de cabeza a una tienda de vídeos y alquiló todas las películas de los hermanos Marx que había. Pasó horas y horas viendo sus desternillantes comedias y se dio cuenta de que podía aliviar el dolor por sí mismo mediante la risa.

Patch Adam, cuya historia fue convertida en una película protagonizada por Robin Wilians, era un humorista que descubrió el poder que tenía la risa sobre una enfermedad cuando era estudiante de medicina. Solía aparecer en las salas infantiles del hospital vestido de payaso para hacer reír a los niños. Aunque las autoridades no se mostraban de acuerdo, los pacientes de Pach mejoraban enormemente a través de la medicina de la risa. Cuando Pach se doctoró en Medicina, abrió su propio instituto, en el que la risa era tan importante para la curación como los tratamientos médicos.

Piensa en lo que puedes hacer para tu propio espíritu mediante la risa.

Paso cinco: debes saber que sobrevivirás

Date un respiro para recordar: «esto también pasará». Claire Rayner, novelista y columnista de un periódico dice: «mi abuela me enseñó la frase "esto también pasará" para que la uses en todo momento de la vida». Cuando las cosas son espectacularmente terribles; cuando las cosas son absolutamente atroces; cuando todo es magnifico, maravilloso, estupendo y feliz, di estas palabras para ti mismo. Te darán perspectiva y también te ayudarán a obtener lo mejor de lo que es bueno y a ser estoico cuando algo va mal.

Por más mal que te sientas, sean cuales sean los síntomas físicos de tu malestar, por favor, recuerda que *sobrevivirás.* Te recuperaras más rápidamente de lo que esperas. En tanto que seres humanos, manejamos las cosas mucho mejor de lo que imaginamos. Les hacemos frente, salimos adelante, encontramos recursos suplementarios y perduramos. Tanto si tu trastorno dura diez minutos como si dura diez días, lo podrás soportar. La vida sólo te pide la fuerza que posees. Eres mucho, mucho más fuerte de lo que piensas.

PASO SEIS: HABLA CON DIOS

Todo el mundo necesita sostenerse sobre algo. Es bueno creer en algo. Ábrete a la idea de que hay un díos benevolente, un espíritu cósmico o una energía universal dispuestos a ayudarte. Es bastante desesperante sentir que estás solo en esta vida sin ninguna gran fuerza a la que volverte. No te recomiendo que vayas por la vida sin la asistencia, el consejo y el consuelo de este espíritu más elevado. En mis momentos difíciles siempre dirijo mi dilema hacia Dios y siempre siento la respuesta en forma de perspicacia y fuerzas suplementarias. Incluso he experimentado notables «coincidencias» en las que la asistencia práctica se ha cruzado en mi camino justo cuando realmente la necesitaba.

Haz la práctica de escribir tus peticiones de ayuda antes de dormir y antes de levantarte. Después, escribe las respuestas y las soluciones. Nunca me he perdido por las palabras adecuadas cuando he hecho algo. Échale una ojeada al *best seller* de Neale Donald Walsch *Conversaciones con Dios*. En este libro, describe sus preguntas a Dios, así como las respuestas que sintió que Dios le ofrecía. Llevó a cabo un registro escrito de las respuestas que se convirtió en una serie de libros que se convirtieron en éxitos de venta mundiales.

Ya he mencionado en el capítulo sobre creencias el poder probado que tiene la oración. No sólo puede mejorar la salud de aquellos por los que rezamos —tanto si saben que estamos rezando por ellos como si no—, sino también mejorar nuestra propia salud y bienestar.

John Maltby, un psicólogo de Sheffield Hallam University, estudió el efecto de la religión en el bienestar de quinientos estudiantes. «Descubrimos que la oración personal era el factor más importante;

más que el ser simplemente religioso o el asistir a los servicios. Los estudiantes que rezaban tenían menos ansiedad y depresión».

Que estas conclusiones indiquen la presencia de una energía divina depende de la interpretación. El doctor Maltby dice: «Pensamos que el proceso de oración y de separar tiempo de los problemas de la vida lo que proporciona beneficios, no la presencia de Dios».

El mensaje parece indicar que la religión convencional no es el requisito; los efectos positivos pueden derivar en tener algo en que creer. El dirigir el problema hacia esa fuerza mayor con la confianza de «hágase tu voluntad», nos permite alejarnos de la depresión y la tensión a las que nos sometemos.

Ejercicio

Antes de destacar lo que quieres tener, haz o sé aquello que te lleve a lo más lejos posible de tu terreno conocido. Ponlo ahora sobre la mesa y obsérvalo atentamente. Adopta la decisión en ese instante de sentirte cómodo con ello. El modo de hacerlo es mediante el diseño de un plan de acción que te acerque hacia tu deseo prohibido, tanto si es un cambio de trabajo, una nueva relación amorosa, correr en un maratón o hacer las paces con un amigo íntimo o un familiar.

Lleva acabo la acción hoy, empieza ahora mismo a soplar más allá de las cuatro paredes de tu reclusión. Siente que las paredes se alzan y se deslizan más y más lejos a medida que te haces más y más grande y consigues más espacio para ti mismo. Utiliza la guía a prueba de balas y disfruta de la sensación de orgullo y autorrespeto que sólo le llega a gente como tú, que vive y actúa sin temor.

Los héroes y las heroínas son valientes no porque no tienen miedo, sino porque actúan a pesar del miedo. Esto es lo que tú debes ser. Respira un poco más profundamente. Sé un poco más extraordinario.

SUPERVIVENCIA DEL MÁS FUERTE

Algunas personas están sumidas en circunstancias tan sobrecogedoras y espantosas que se les puede perdonar fácilmente que renuncien. No obstante, a menudo son las personas que demuestran más valor, el espíritu más fuerte y el tipo de obstinada determinación que les hace salir airosas a pesar de los horrores a los que han tenido que hacer frente.

Chris Moon es una de esas personas.

Historia de Chris

Chris ha corrido en más de veinte maratones, a pesar de haber perdido un brazo y una pierna en un accidente con una mina de tierra. Su sorprendente determinación solo ha sido superada por su valentía frente a la muerte. Chris estaba limpiando una zona de minas antipersonas en Mozambique en 1994 cuando explotó una mientras paseaba por una zona supuestamente libre de ellas. «Tuve la más terrible sensación de fatalidad y supe que no debía haber estado donde estaba», dice. «Caminé tres pasos cuando una mina que estaba quemando bajo la superficie, explosionó, justo después de haber pasado el detector de metales.»

Chris se tendió, críticamente herido, pero consciente. Vio que su mano derecha estaba destrozada y que su pierna derecha había desaparecido. A pesar de estar en agonía y casi muerto, rechazó dejarse llevar por ninguna emoción negativa.

«El instinto más fácil era morir, pero sabía que tenía que renacer de todo aquello. Recuerdo haber pensado "no me merezco esto", pero no me permití ningún sentimiento de autopiedad».

Su brazo derecho fue amputado justo debajo del codo y su pierna izquierda por debajo de la rodilla. Chris tomó morfina inmediatamente después de la operación, pero después rechazó todo tipo de analgésicos. «Sentí que era importante lidiar con el dolor», explica. Chris eligió no confiar en nadie más que en sí mismo. «Vi mi recuperación y mi vida futura como un enorme asunto de dignidad y autorespeto. Decidí utilizar lo que me había pasado como una oportunidad de hacer algo distinto.»

Un año después del accidente, Chris consiguió un máster y después inició su propia consultoría de recursos humanos y seguridad, llamada «Making the Best». Se involucró en varias organizaciones benéficas para minusválidos y es embajador de confianza del Príncipe de la Fundación benéfica «Príncipe de Gales». Chris también se casó y tuvo un hijo y empezó a correr en maratones, incluido la carrera de 240 kilómetros Trans Sahara, conocida como la más dura de la tierra. «Me gusta ver hasta dónde puedo llegar», dice. «Y para mí, el fracaso no es una opción. Siempre que me sumerjo profundamente en mis recursos internos, nunca siento que no hay nada dentro».

Historia de Richard

Richard Moore también ha convertido una experiencia traumática en una oportunidad para hacer grandes cosas. En 1972, Richard tenía diez años y crecía en medio de muchos problemas en Irlanda del Norte cuando se quedó ciego a consecuencia del disparo de un soldado. «No siento amargura hacia el soldado que me disparó», dice Richard. «Me gustaría encontrarme con él para mostrarle que, a pesar de haber perdido mi visión, he hecho algo positivo más allá de aquello terrible que nos ocurrió a ambos aquel día. Me di cuenta de que tenía que representar un gran papel en el mundo. Había sido una víctima de la guerra, pero había manejado el asunto y podía ayudar a otros a hacer lo mismo.»

Richard fundó la asociación benéfica «Children in Crossfire», que une a niños y adultos de todo el mundo en situación de guerra, de distintas comunidades y de distintas fronteras, regularmente, y que ha conseguido un importante efecto en la vida de miles de personas.

También para otros la noción de fracaso simplemente no constituye una opción. Muchas personas han alcanzado un gran éxito al enfrentarse a grandes dificultades rechazando amedrentarse o renunciar constantemente a sus objetivos. Fred Smith, el fundador de Federal Express, es una de ellas. Cuando estudiaba en una de las escuelas de administración más importantes de América, se le ocurrió la idea de crear una empresa de mensajería que transportara paquetes durante la noche alrededor del mundo. Sus profesores, entre los que se encontraban algunas de las mejores mentes empresariales de los Estados Unidos, le pusieron una nota baja en su trabajo y le dijeron que la idea era ridícula puesto que la gente ya utilizaba el servicio de correos.

Sin amilanarse, Fred invirtió todo su dinero en montar este servicio. Esperaba enviar 167 paquetes durante el primer día y, en realidad, envió dos. Pero Fred se negó a ver esto como un fracaso. Sabía que si podía enviar dos paquetes con éxito, lo único que necesitaba hacer era aumentar la cantidad. Hoy en día FEDEX es una organización millonaria y los ingresos de Fred alcanzan los cincuenta millones de dólares al año.

James Dyson, inventor de la espectacularmente exitosa aspiradora Dyson, dejó su trabajo y casi llegó a la quiebra mientras hacía pruebas durante dos años con modelos fallidos. Su producto final revolucionó el concepto de limpieza por aspiración y se convirtió en el modelo más famoso de Gran Bretaña y a él lo hizo un hombre rico.

La escritora Joanna Rowling, autora de los libros de Harry Potter, también perseveró ante las dificultades. Escribió su primer libro cuando era una madre sin dinero de una niña pequeña y vivía de un subsidio de paro. Escribió su libro a mano, sentada, día tras día, frente a una taza de café en una cafetería mientras su hija dormía en una sillita cerca de ella. Cuando terminó el libro, al cabo de algunos meses, lo envió a una agencia que lo rechazó por no ser para niños. La reaccion de Joanna no fue cambiar el libro, sino enviarlo a otro agente, a quien le encantó.

Su libro, adorado por niños de todo el mundo, se convirtió en un fenómeno editorial que cambió el concepto de lo que podía ser un libro para niños. Los derechos de filmación fueron vendidos a Hollywood por un millón de libras esterlinas y Joanna acabo por escribir otros tres libros de Harry Potter para una serie de siete. Se vendieron 19 millones de ejemplares de sus primeros tres libros sólo en Estados Unidos. Actualmente, Joanna es una de las mujeres más ricas de Gran Bretaña. Y en una votación reciente fue votada como la segunda autora británica favorita de todos los tiempos, más popular que Shakespeare y solo después de Roald Dahl.

EL FRACASO NO ES UNA OPCIÓN

El fracaso nunca fue una opción para Chris Moon, Richard Moore, Fred Smith, James Dyson o Joanna Rowling. Por eso insisto en que, a partir del día de hoy, puede pasar lo mismo contigo. El miedo al fracaso tiene el potencial de impedir que realices el primer paso hacia lo que haría tu vida más significativa, divertida y plena. Así que tienes que manejar tu miedo al fracaso y estar dispuesto a vencerlo. He repasado esta cuestión con muchísimos clientes y como resultado he aprendido exactamente lo que es necesario a fin de conseguirlo. Aquí está mi plan definitivo «el fracaso no es una opción».

EL FRACASO ES UNA FALACIA

La realidad es que una vez entras en acción no hay nada que pueda ser llamado fracaso. Sólo hay experiencias, decisiones y sus consecuencias y resultados. El único fracaso real es no haber hecho el intento, en primer lugar. Si algo es interesante, hazlo aunque sea poco interesante al principio. En otras palabras, deja de ser tan duro contigo mismo y olvídate de intentar ser perfecto de entrada. Pon fracasos en tu plan y así no estarás acomplejado por hacerlo bien enseguida.

Aprende de tus errores

Aprende y aprende deprisa. No todo el mundo aprende de sus errores. Muchas personas están tan ocupadas sintiéndose mal sobre sí mismas y tratándose tan mal que no caen en la cuenta del tesoro de información que espera ser reclamado. Henry Ford fue a la quiebra tres veces antes de inventar el coche. Dijo: «El fracaso es sólo una oportunidad de empezar de nuevo con más inteligencia». Adopta una «paranoia inversa» y cree que todo el mundo y todas las cosas están conspirando para suministrarte oportunidades y lecciones valiosas. Lo más importante es aprender de la experiencia. Triunfarás, con el tiempo, cuando sepas lo que quieres y te dirijas hacia ella de forma estratégica, consistente, significativa y decidida. Mantente en acción y acabarás obteniendo resultados y con el tiempo serán los resultados que quieres.

Sácate de la cabeza todos los pensamientos de fracaso

Conviértete en alguien completamente resuelto. Tan pronto como se presenten los contratiempos, tu natural incapacidad para detenerte los echará abajo. Mira cada problema como un regalo. Busca la solución. Es más, busca el beneficio. ¿Cómo puedes perfeccionarte mediante la resolución de los temas y en última instancia el triunfo? ¿Cómo puedes mejorar tu plan original, con esta información suplementaria? ¿Qué es lo que harás de forma diferente y mejor como consecuencia de lo que sabes ahora? No hay nada malo en pensar en el fracaso siempre y cuando suavices estos pensamientos con pensamientos de valentía y autoconfianza.

Con la perspectiva que da el tiempo, le darás la bienvenida y estarás agradecido por este contratiempo que te hizo volver a pensar o cambiar la orientación totalmente. Bill Wyman era miembro de una de las más famosas bandas de rock en el mundo, pero nunca se hubiese unido a los Rolling Stones si su padre le hubiese dejado en la escuela. «La escuela iba bien», dice. «Tenía quince años y estaba a punto de graduarme cuando mi padre dijo: "Bueno, ya he conseguido lo suficiente de ti en esta escuela, vas a dejarla". Pensé que me estaba quitando la posibilidad de educarme, que había echado abajo el siguiente peldaño para el ascenso. Pero finalmente me metí en el mundo de la música y no me preocupé más». El resto, como se dice, es historia.

No lo tomes como algo personal

El verdadero problema con el fracaso y la percepción de fracaso es que la gente se lo toma como algo personal. Te provocan y te añaden dudas y miedos que ya tenías y confirman creencias sobre no ser suficientemente bueno o capaz. Evítalos a toda costa y, simplemente, reconócelos. Ser doblegado, rechazado o no aceptado no significa que seas incapaz, que estés equivocado o que seas malo. Sólo significa que necesitas intentarlo de nuevo de un modo diferente.

No pienses demasiado en el fracaso o el rechazo, simplemente sigue adelante para encontrar la solución que está esperando por ti en algún punto. Cuando decidas emprender una acción a pesar del miedo, recuérdate a ti mismo que ya lo has hecho antes, muchas veces. Ya te arriesgaste cuando pasaste de gatear a caminar, cuando nadaste por primera vez, cuando aprendiste a ir en bici, cuando te fuiste de casa, cuando pediste una cita, cuando cambiaste de trabajo o cuando te mudaste de ciudad. En cada una de estas situaciones, dejaste atrás lo familiar para alcanzar algo más. Ese logro amplió tus horizontes y te permitió desarrollar tu propia competencia y cosmopolitismo.

Sabes que puedes manejarlo

Entrénate para ser alguien que *sabe* que lo puede manejar. Ésta es, en última instancia, la verdad más liberadora que sustentará tu vida. Tanto si se trata de arriesgarte con una relación, como de dejar un trabajo bien remunerado para hacer algo que realmente te estimula, como de empezar con algo nuevo, debes saber que pase lo que pase, *puedes manejarlo.* El futuro pertenece a los que se arriesgan, no a los que buscan seguridad. La vida es perversa y cuanta más seguridad busques, menos la obtendrás. Y esto es así porque una de las lecciones fundamentales de la vida es aquella que enseña que la seguridad procede del interior de nosotros, no del exterior. Así que cuanto más aprietes el paso y busques oportunidades, más probabilidades tendrás de conseguir la seguridad que deseas.

DEJA DE PREOCUPARTE

Las preocupaciones se desarrollan... así es que ve con cuidado. La preocupación no es sólo una terrible perdida de tiempo y energías; es algo mucho más peligroso que todo esto. La preocupación es un objetivo negativo que vas a alcanzar. Mientras estás preocupado, estás pensando y hablando e imaginando vividamente y con exactitud aquello que no quieres. Si te preocupas lo suficiente sobre algo, vas a incorporarlo a tu vida. Mi antídoto contra la preocupación es doble. Primero, observa lo peor que podría pasarte. Después, ríete a la cara de tu miedo y se debilitará y desmoronará. Tus peores temores sólo tienen poder sobre ti cuando rechazas enfrentarlos y sentirlos. Si te resistes, persisten.

La gente gasta enormes cantidades de tiempo, esfuerzo y dinero suprimiendo sus miedos, sobrealimentándose, bebiendo demasiado, fumando, con horas de televisión o tomando drogas, en ambos casos actividades de ocio y prescritas. En realidad, sería mucho más fácil levantar el miedo, mirarle a los ojos y sonreír. ¡Puedes tratarlo como si fuese un dolor físico, como un dolor de muelas o un parto! Enfréntate al dolor a la cara, centra tu atención en él, sóplale y observa cómo se hunde.

Recuérdate a ti mismo que si se materializaran tus peores temores, ¿imagínate que? *Los manejarías.*

La segunda parte de mi antídoto contra la preocupación pasa por que te comprometas a hacer todo lo que esté en tus manos para asegurarte de que no habrá consecuencias. En otras palabras, entra en acción, con muchísima intensidad. Vence tus preocupaciones centrándote en exclusiva en tu misión y pon en marcha tu lista de tareas. Dobla el número de llamadas a hacer, levántate antes, proponte hacer más de lo que inicialmente considerabas razonable. Pon algunos resultados sobre la mesa. Y puesto que tu mente consciente sólo puede tener un pensamiento en cada momento, asegúrate de que sea uno productivo.

SÉ PERSISTENTE

Conlleva mucho coraje aguantar, persistir y continuar con ello una vez has empezado. La persistencia es una forma de valor; una de las formas más extrañas. Cuando planificas tu trabajo y trabajas para tu plan de forma persistente, a pesar de tenerte que enfrentar, a pesar de las desilusiones y los contratiempos inesperados, construirás y desarrollarás la cualidad del valor dentro de ti.

La gran mayoría de «éxitos nocturnos» no son de esta clase. Son el resultado de años de arduos esfuerzos, de subidas y caídas y de oscuras noches de incertidumbre. Ni siquiera los ejemplos de increíble buena suerte son de este tipo.

Fíjate en la historia de un hombre absolutamente dispuesto a aparecer en el programa de televisión *Quién quiere ser millonario.* Paddy Spooer ya había ganado 100.000 libras esterlinas en la versión australiana del programa cuando, a su regreso, decidió probar suerte en la versión británica. Increíblemente, tuvo éxito y volvió a ganar 250.000 libras esterlinas. Los creadores describieron como «incalculables» las posibilidades de aparecer dos veces en el programa. Pero a partir del momento en que consiguió su primer cheque, Paddy había decidido que lo intentaría de nuevo cuando estuviera de vuelta en casa. No se amilanó antes los informes que indicaban que era prácticamente imposible conseguir línea telefónica, el primer paso para ser concursante. «Reconozco que era una apuesta muy arriesgada», dijo. «Después de todo lo había intentado cuatrocientas veces.» Antes de aparecer en el primer programa, Paddy estaba en quiebra y dormía sobre el parqué de un amigo. Con lo que ha ganado, ahora viaja por todo el mundo.

Observa otros ejemplos de persistencia obstinada: en una ocasión le preguntaron a Thomas Edison cómo consiguió persistir hasta inventar la bombilla. Contestó: «Había encontrado qunientos modos que no funcionaron... Pero no me desanimé, porque cada intento fallido supone un paso hacia delante».

La novela *La mujer del teniente francés*, ahora considerada un clásico literario, fue rechazada por cincuenta editores antes de que su autor, John Fowles, consiguiera a alguien que la aceptara.

Nelson Mandela estuvo encarcelado treinta años por su lucha por los derechos de los sudafricanos negros. Durante mucho tiempo lo mantuvieron en terribles condiciones y le dijeron que no había ninguna esperanza de que fuese puesto en libertad. No obstante, él mantuvo su valor, sabiduría y optimismo. Cuando fue finalmente puesto en libertad, salió de la prisión con suma dignidad y se convirtió en el presidente de Sudáfrica, así como en una figura mundial querida y reverenciada.

¡HAZLO!

Si quieres alcanzar el éxito, tan sólo tienes que dar el siguiente paso, después el siguiente y mantenerte en marcha. Si todavía estás titubeando es porque todavía estás atrapado en uno, o en dos, de los hábitos mortíferos de *falta de decisión* y *perfeccionismo*. Deja que te explique cómo operan.

FALTA DE DECISIÓN

Dejamos para más tarde lo que nos da miedo. Ésta es la esencia de la falta de decisión. Tenemos miedo de que se revelarán nuestros defectos, así es que evitamos el momento de la verdad y el dolor que seguramente vendrá con él. Tanto si se trata de hacer una llamada telefónica importante, de preguntar por un aumento de sueldo o de acudir a una cita emocionante, lo que más miedo nos da es el esfuerzo.

El único antídoto contra este ladrón mortal de tiempo es *hazlo ahora*. Haz aquello que más miedo te dé. Coloca en primer lugar de la lista esa difícil llamada de teléfono y no pierdas tiempo pensando en ello. Hazlo.

Perfeccionismo

Esperar a que las cosas sean perfectas es el resultado del sentimiento «no es suficientemente bueno» y de la necesidad de la aprobación de otra gente. Pero al intentar ser perfecto te verás atrapado en una espiral de lucha y competición agotadora e implacable. El ansia de tener una buena apariencia ante los demás se convierte en tu fuerza motriz.

Rechaza seguir por este camino. Admírate a ti mismo por lo que eres y olvídate de intentar probar que eres un ser humano superior. Y acuérdate de incorporar la celebración y el conocimiento a lo largo del camino, a fin de tener gasolina para el siguiente estadio de tu viaje. Sin esto, te acabarás agotando y quemando. El éxito produce éxito..., pero sólo si primero te das cuenta del éxito. Así que tómate tiempo para felicitarte a ti mismo con regularidad.

Anota ahora mismo veinte logros de tu vida de los que estés orgulloso. Acostúmbrate a prestar atención a tus progresos diariamente. Sumérgete en un baño caliente y disfruta de tus esfuerzos.

TU TAREA

Tu tarea es vivir con más brío, más valor y más heroísmo que nunca antes. Recuerda los ejemplos gloriosos de individuos que te he propuesto en este capítulo. Si ellos pudieron hacer lo que hicieron con sus vidas, tú puedes afrontar riesgos y puedes proporcionarle a tu vida más audacia y fervor. Comprométete a partir de este día a afrontar más riesgos y a tener más audacia para ser extraordinario y absolutamente mejor y crecer como el tipo de persona definida por la fuerza interior y el valor.

No tienes límites porque sabes que absolutamente cualquier cosa es posible.

Y RECUERDA...

El fracaso es una parte indispensable del éxito.

Cada fracaso te hace más fuerte.
Tu miedo al fracaso es el mayor obstáculo.
El miedo puede proporcionarte energías y estímulos.
Para alcanzar tus metas debes alejarte del terreno conocido.
La vida fuera del terreno conocido es una vida valiosa.
Ningún contratiempo es suficientemente grande para detenerte.
No hay nada en la vida que no puedas manejar.

EPÍLOGO

Una vida menos ordinaria

¡FELICIDADES!

Has hecho muy bien permaneciendo en el curso. Has hecho un largo viaje y has continuado conmigo hasta muy lejos. Quiero que sigas por esta vía. Ahora no hay camino de vuelta. Has iniciado un viaje y un momento que te obliga a permanecer y mantenerte en el reto de cambiar tu vida en la dirección hacia donde te conducen tus deseos más profundos y sinceros.

Empezaste el viaje cuando cogiste este libro y, si has llegado hasta tan lejos, es que eres, sin lugar a dudas, uno de los pocos valientes que está dispuesto a vivir sin miedo, a mirar a la vida de frente, con valor y agallas. Pondrás sobre la mesa pasión, entusiasmo y espíritu.

No eres ingenuo. Sabes que dar un paso hacia delante para ir hacia donde quieres implica asumir algunos riesgos, encontrarse con contratiempos y obstáculos y enfrentarse y manejar ciertas desilusiones, porque *esto es lo que eres*. Eres lo suficientemente mayor como para enfrentarte al rechazo y a tus miedos porque no te los tomas como algo personal. Comprendes que los errores forman parte de la hipoteca que hay que pagar para tener una vida plena. Sabes que si no arriesgas nada, te arriesgas a mucho más, y este conocimiento te permite ser más arriesgado, dar un paso adelante y acercarte a lugares que otros sólo miran o temen. Sabes que mientras que puedes decepcionarte en caso del fracaso, si no llevas a cabo el intento estás condenado. Éste es el precio que hay que pagar para vivir una *vida mejor*.

Enfrentarse a ciertas desilusiones es un precio pequeño a pagar a cambio de una vida menos lenta, tonta y ordinaria; por una vida más brillante. Ni siquiera debes intentar parar. La gloria no está en el no fracaso, sino en dar marcha atrás y levantarse cada vez que uno se cae. La energía crea energía. Sólo gastándote a ti mismo te harás rico. Gástate bien, pero sobre todo, *gástate.* No te ahorres para el día siguiente. Corre los riesgos mientras los tienes. La vida es maravillosa, pero no maravillosa en el modo como la vives; no camines de puntillas a su alrededor. Hónrala a ella y a ti mismo dándote todo lo que has conseguido y más. Reconoce tus miedos, pero no dejes que te gobiernen. Ve más allá de ellos y un día mirarás a tu alrededor y te darás cuenta de la persona en que te has convertido y sonreirás.

Ve a por ello. Vive la vida sin miedo. Sé el héroe de tu propia historia.

¡VE A POR ELLO!

Estoy feliz de recomendarte un *coach* que te mantenga en el camino y sostenga tu impulso y confianza. Un *coach* cualificado te apoyará a que te tomes el tiempo necesario para que observes la dirección de tu vida y realices los cambios que realmente quieres. Consigue inspiración para llevar a cabo los cambios y sujétate a ellos contratando tu propio *coach.*

También puedes realizar consultas ocasionales para potenciar los resultados. Todo ello te proporcionará dividendos que te ayudarán a obtener los resultados que quieres de la vida.

Llámame al 0800 085 6620

Sigue en contacto

Escríbeme y hazme saber cómo te va. Me encantará saber de tus progresos y te mantendré informado sobre mis seminarios, mis libros y grabaciones.

Envíame un e-mail a: fiona@lifecoachline.com
O escríbeme a la siguiente dirección: Fiona Harrold, PO Box 4248, Goring-on-Thames, Oxfrdshire, RG8 9XL, Reino Unido.
O llámame al número: 0800 085 6620.

ÍNDICE